SCHILLERS JUNGE IDEALISTEN

SCHILLERS JUNGE IDEALISTEN

VON

ROLF N. LINN

UNIVERSITY OF CALIFORNIA PRESS
BERKELEY . LOS ANGELES . LONDON
1973

University of California Publications in Modern Philology

Volume 106

Approved for publication September 15, 1971

Issued January 31, 1973

University of California Press
Berkeley and Los Angeles
California

◊

University of California Press, Ltd.
London, England

ISBN: 0-520-09429-8

Library of Congress Catalog Card Number: 71-182546

FÜR LI

VORWORT

SCHILLER KANNTE die Psyche des jungen Mannes und besonders die
des begabten jungen Mannes, der nach Größe und Güte strebt. In
den ersten seiner vier Dramen liefern Variationen dieses Typus die
Hauptfiguren, in zwei weiteren spielen sie wichtige Rollen, und in
einem erscheinen sie unter der drohenden Obhut des Schicksals, etwas
abgerückt von realistischer Begrifflichkeit, aber doch noch erkennbar
ihren Vorgängern verwandt.

Hier werden in Einzelstudien die fraglichen sieben Schiller-Dramen
von ihren jugendlichen Helden her gesehen und interpretiert, denn
in diesen liegt das Zeitgemäße, das sie heute bühnenfähig macht und
über die Schullektüre hinaus ihnen Leben gibt, so wie es früher einmal
der nationale oder soziale Gehalt getan hat. Jede Ära deutet ihre Dichter neu und klärt damit ihre eigene Seinsweise und ihre eigenen Probleme. Bei Schiller finden sich die modernsten Generationskonflikte
und die jüngsten Angriffe der Jungen auf die Gesellschaft vorgezeichnet,
während die Jugend selbst in ihrer Unterschiedlichkeit mit unbe-
stechlichem Pinsel portraitiert wird. Warum sollte man nicht aus
dem Werk des Dichters die Intensitäten, Vagheiten, Berechtigungen
und Irrtümer verstehen lernen, die seine Charaktere mit heutigen
"Idealisten" unter dreißig verbinden?

Nun ist Karl Moor kein Studentenführer des späten zwanzigsten
Jahrhunderts, und das Kunstwerk ist kein gesellschaftswissenschaft-
liches Handbuch. Dennoch bestehen Beziehungen zwischen Schillers
Dramen und unserer Zeit, Beziehungen, die vielleicht im umgekehrten
Verhältnis zu denen zwischen äußerer Erfahrung und innerem Erlebnis
des Künstlers stehen. Es muß ein Stoff da sein, den die Form vertilgen
kann, ein Spannungselement zwischen einem Ich und der Welt, und
dieses bleibt Teil des Gehaltes auch nach der Vertilgung. Wie sich die
Aussage im Ausdruck verliert, gewinnt sie auch durch letzteren, und
ihre Erkenntnis erweitert sowohl psychologische als auch ästhetische
Horizonte.

[VII]

Die Interpretationen machen sich die kritische Literatur zunutze und lassen auch den Dichter selbst als seinen Fürsprecher auftreten, aber immer bleibt der Text das Wesentliche. Es wird kein Versuch gemacht, durch sein Werk an den Dichter, sondern mit verschiedenen Hilfsmitteln an das Werk heranzukommen und dadurch die Einsicht in die Gegenwart zu vertiefen. Auch gilt es nicht, den ausgewählten Gestalten aus einer auf begrenzter Schau beruhenden vorgefaßten Meinung einen Markenstempel aufzudrücken; vielmehr soll die Totalität eines Textes, und zwar jeweils nur eines, das Geheimnis der beobachteten jungen Leute verraten, soweit dies möglich ist. Ganz geht es wohl nie, und das ist gut so.

INHALT

I. KARL MOOR—CHARAKTER, TATEN UND SCHICKSAL

In der Schillerliteratur der letzten Jahre hat sich das Charakter-
bild Karl Moors früheren Studien gegenüber beträchtlich gewandelt.
Zum Unterschied von dem "überspannten Idealisten" Erich Schmidts,
zum Beispiel,[1] oder von Karl Bergers schwärmerischem Jüngling, der
"für jede Schönheit und Größe glüht" und den "elenden Weltverhält-
nissen" zum Opfer fällt,[2] ja noch zum Unterschied von dem unglücklichen, ausschließlich durch "menschliche Bosheit" und "das Schicksal"
schuldig gewordenen Helden Reinhard Buchwalds,[3] sehen Kritiker
wie Adolf Beck[4] und Gerhard Storz[5] einen weniger bewunderungs- und
bemitleidenswerten Karl, den die Umstände nur stürzen, weil sie ihn
prüfen und zu leicht befinden.

Im folgenden möchte ich auf dem von Beck und Storz eingeschlagenen
Wege weitergehen, einige bisher kaum beachtete Charakterschwächen
Karl Moors sowie ihre Bedeutung für die ganzen "Räuber" aufzeigen
und den Weg ihres Helden als eine unbewußte Suche nach dem Ich
interpretieren. Denn ein genaues Studium des ersten Schillerschen Pro-
tagonisten ergibt, daß ein unreifer Karl den tief in seiner Psyche ver-
ankerten Zwiespalt erst im völligen Zusammenbruch erkennt und durch
die Erkenntnis überwindet. In dieser Erkenntnis aber liegt seine Tragik, da sie, ein Zeichen des Reifens, sich nur im versöhnenden Akt des
Selbstopfers verwirklichen kann.

Eine Untersuchung der Persönlichkeit Karl Moors kann es nicht
dabei bewenden lassen, anfänglich gegebene Züge zu registrieren und

---

[1] Erich Schmidt, *Schillers Sämtliche Werke*, Säkular-Ausgabe, Bd. III (Stuttgart,
o. J.), S. xvii.

[2] Karl Berger, *Schiller*, 10. Aufl. (München, 1918), I, 154.

[3] Reinhard Buchwald, *Schiller*, 4. neu bearb. Aufl. (Wiesbaden, 1959), S. 254

[4] Adolf Beck, "Die Krisis des Menschen im Drama des jungen Schiller," *Forschung
und Deutung* (Frankfurt a. M., 1966), S. 119-136. Siehe besonders S. 125-136.

[5] "Schon zu Beginn seiner Laufbahn erscheint er zwiespältig, ja gebrochen."
Gerhard Storz, *Der Dichter Friedrich Schiller*, 3. erweiterte Aufl. (Stuttgart, 1963),
S. 46.

[1]

dann deren Wirkungen zu verfolgen. Max Kommerell sagt richtig: "Schiller zeigt ihn [den Menschen] nicht als ein Sein in sich, sondern als ein bezogenes Sein, im Schein und Gegenschein des Gewirkten und Gedeuteten."[6] Man muß Person, Handlung und Konstellationen als Einheit sehen, wenn man die vom Dichter geschaffene Figur Karls in ihrer Dreidimensionalität erfassen will.

Nach und nach ersteht diese vor dem Zuschauer. Wichtige und faszinierende Züge enthüllen Franz und Vater Moor gleich in ihrem ersten Dialog. Schon als Knabe hat der Held die Natur geliebt, eine amoralische Sehnsucht nach Größe bewiesen und sich durch Generosität und menschliches Mitgefühl ausgezeichnet. Zu diesen Qualitäten treten Ehrgeiz und Starrsinn, und alle zusammen verleihen sie Karl ein Charisma, das seinen klugen Bruder veranlaßt, eine höchst erstaunliche Prophezeiung zu machen. "Vielleicht erlebet ihr noch die Freude," sagt Franz zum Grafen Moor, "ihn an der Fronte eines Heeres zu erblicken, das in der heiligen Stille der Wälder residieret, und den müden Wanderer seine Reise um die Hälfte seiner Bürde erleichtert." Das ist natürlich eine Vorbereitung auf das, was folgt, aber eine, die sich dramatisch nur benutzen läßt, weil sie psychologisch richtig ist. Das heißt, sie muß auf eine unsoziale oder gar antisoziale Latenz in Karl deuten, die unter den geeigneten Umständen leicht aktiviert werden kann.

Wenn Karl im zweiten Auftritt selbst auf der Bühne erscheint, gibt er als erstes seiner Verachtung für sein Zeitalter Ausdruck, welches jedes erhöhten Lebensgefühls, jeder Großzügigkeit entbehrt. Es hat kein Verständnis für das martial Majestätische. Hannibal und Scipio sind Schulbuchhelden geworden, und der Held Karl fühlt sich gehemmt und frustriert. Und warum? Woher kommt sein Ekel? Von etwas so trivial Subjektivem wie dem "Judenzins." Er schuldet "ein paar tausend lausige Dukaten" und hat sich gerichtlicher Verfolgung ausgesetzt, und nun ist er empört, daß ihm so etwas passieren kann, ihm, der doch mit seinesgleichen ein Riesenwerk von Republik schaffen könnte, stärker und straffer als Sparta oder Rom. Selbstmitleid vermischt sich mit Selbstbeweihräucherung. Man merkt, Karl verfällt in den jugend-

---

[6] Max Kommerell, "Schiller als Gestalter des handelnden Menschen," *Geist und Buchstabe der Dichtung*, 3. Aufl. (Frankfurt a. M., 1944), S. 136.

lichen Fehler, sein Potential für die Wirklichkeit zu halten. Da er wie ein General denkt, glaubt er, er sei einer. Daß man sich bei allem Talent heraufdienen muß, daß man nicht ungestraft für eine Illusion, eine Chimäre kämpfen darf, kommt ihm nicht in den Sinn. Er fühlt nur die Beschränkung und rebelliert. Sein Tatendrang sucht die Freiheit und sieht im Gesetz die Wurzel alles Übels. Daß das Gesetz auch ordnet und schützt, während es einengt, daran denkt er ebenfalls nicht und empfindet daher auch keinerlei Verantwortung gegenüber seiner Zeit, der Gesellschaft oder der Welt überhaupt.

Daher konnte er auch schon in Leipzig einer Neigung nachgeben, die für seine weitere Karriere von Bedeutung ist, nämlich der Rachsucht. In der Erstausgabe der "Räuber"—es ist die, die zwar nicht dem Text der Nationalausgabe, wohl aber dem der von Herbert Stubenrauch mitbetreuten Hanserausgabe zugrundeliegt[7]—erinnert Spiegelberg Karl genüßlich an den Racheakt, mit dem dieser einmal eine ganze Stadt wegen eines Vergehens gegen seinen Hund bestraft hat. Dazu bemerkt Karl nur: "Schändliche Kerls!" Zwar schämt der junge Held sich seiner Vergangenheit und denkt an "ein edler Vergnügen" bei seiner Amalia, aber die Scham scheint weniger ein Urteil über den Wert und Unwert früherer Studentenstreiche zu sein als eines über ihr Format, denn es waren ja nur Streiche und nicht große Taten. Nirgendwo wird die Idee der Revanche als solche bemängelt.

In eben dem Augenblick, wo Karl dem unrühmlichen Studententreiben entsagen und in die Ordnung der Heimat zurückkehren will, wird er durch Franzens "recht plumpen" Betrug[8] in seinen guten Vorsätzen gehemmt und an die schon verabschiedete Vergangenheit gekettet. Der liebende Sohn hatte sich in aufrichtiger Reue an den Vater gewandt, seine Aufrichtigkeit hat jedoch weder Mitleid noch Hilfe gezeitigt. Dem Brief nach erwidert der Vater die Liebe nicht. Der Sohn ist enttäuscht und verzweifelt. Er kommt sich wie ein Narr vor, denn wo seine Rolle in der Gesellschaft ihn nicht verpflichtete, ver-

---

[7] In *Schillers Werke*, Nationalausgabe, III, Hrsg. Herbert Stubenrauch (Weimar, 1953), S. 400 und 458 erklärt der verdienstvolle Herausgeber, daß "dieser Studentenulk immerhin ein vielsagendes Schlaglicht auf Karls grandseigneurial überlegene Lebensart wirft." Das Schlaglicht fällt jedoch auch noch auf andere Züge Karls. Im folgenden wird die Nationalausgabe als N. A. zitiert.

[8] Storz, *Der Dichter F. S.*, S. 23.

pflichtete ihn die Liebe. ". . . so liebte kein Sohn, ich hätte tausend Leben für ihn—"sagt er unter wildem Aufstampfen; und das Fragment eines Konjunktivsatzes verrät uns: der Brief des Vaters verspottet die heiligsten Gefühle, drum verpflichtet die Liebe nicht mehr. Da aber *"Der eine Vater . . . für alle Väter"* steht, wie Benno von Wiese sagt,[9] wird die Verzweiflung am Vater zum Zweifel an Gott.[10] Als Karl an den Vater appellierte, rief er nicht einen Menschen sondern die Menschheit an, und Menschheit bedeutet bei Schiller auch noch Menschlichkeit. Diese Doppelbedeutung leistet der religiösen Krise Vorschub. Da er nicht erhört wurde, will er nun zwiefach Rache an der Menschheit nehmen, an dem menschlichen Kollektiv und an der göttlichen Ordnung, die durch das Abstraktum Menschlichkeit vertreten wird, er will es auf Erden dem Himmel vergelten. So wird er, als man es ihm anträgt, Räuberhauptmann. Die Bande schwört ihm Treue, und er ihr.

Karls Leichtgläubigkeit ist schon oft als eine der Schwächen des Dramas, als einer der "handfesten Verstöße gegen die Wahrscheinlich-keit" erwähnt worden.[11] Es sollte aber hinzugefügt werden, daß es sich um einen Zug des Helden handelt, der nicht schlecht zu ihm paßt. Ein weniger plumper Betrug oder ein vorsichtigerer Karl hätte uns entweder gar kein Drama oder ein anderes gegeben. Das Plötzliche, Unüberlegte, die Abwesenheit jedes psychologischen Scharfsinns, sie gehören so gut zum Räuber Moor wie sein Eigensinn oder seine Über-schwenglichkeit. Und in dem Gesamtbild, das der Dichter zeichnet, gewinnt die scheinbare, dramatische Schwäche fortgesetzt an Plausibili-tät.

So wie seine Leichtgläubigkeit hat man auch schon Karls etwas infantilen Egoismus erkannt, ihn aber noch nicht bei diesem Namen genannt. Adolf Beck sagt: "Karl Moors Vertrauen und Reue erweisen sich in der Krisis als beschränkt in ihrer Tragkraft, mehr noch: als

---

[9] Benno von Wiese, *Friedrich Schiller*, 3. durchgesehene Aufl. (Stuttgart, 1963), S. 148.

[10] Hans Schwerte, "Schillers 'Räuber'," *Interpretationen 2—Deutsche Dramen von Gryphius bis Brecht* (Frankfurt a. M., 1965), S. 153: "Hinter Wort und Dasein des Vaters tauchen Wort und Dasein Gottes auf, hinter der Tragödie des verlorenen Vaters entfaltet sich die Tragödie der bezweifelten Allmacht, ja der Anwesenheit Gottes, d. h. der Vaterschaft Gottes.

[11] Storz, *Der Dichter F. S.*, S. 52.

heimlich bedingt durch die Erwartung der Verzeihung, auf die er eben kraft seiner Reue Anspruch zu haben meint."[12] Es ist ein zutiefst menschlicher, will sagen, weit verbreiteter Zug, den Beck hier beschreibt, aber es ist auch einer, der von mangelnder Reife zeugt. Ein reiferer Karl würde vielleicht den Betrug durchschauen oder wenigstens Verdacht schöpfen. Und wenn nicht das, so würde er doch nicht bis zur Aufkündigung der Sohnesliebe gehen, sondern den Vater durch den Aufbau eines makellosen Lebens zur Zurücknahme seiner Verurteilung zu zwingen suchen. Unerfahren und ichbezogen wie er ist, paraphrasiert er aber in Gedanken ein Wallensteinsches Wort: "Wär ich dem Vater gewesen, was dieser mir war, nie hätt ich ihm Krieg angekündigt," und verfällt so dem Bösen. Eine Form von Egoismus ist daher unbestreitbar die Wurzel der Glaubensanfälligkeit, in der Karls ursprüngliche Schuld zu suchen ist.

Sieht man die bisher beleuchteten Eigenschaften Karl Moors im Zusammenhang, dann wird man doch Stubenrauchs Bemerkungen ergänzen wollen. "Spiegelberg ist der Vater des Gedankens, eine Räuberbande zu bilden," sagt dieser Schillerforscher, "und wenn Karl deren Hauptmannswürde annimmt, so sind es die Kameraden, die ihn mit diesem Wunsch überrumpeln."[13] Das wenigste, was hier hinzuzusetzen wäre, dürfte sein, daß es ein durch Charakter und Vergangenheit Prädestinierter ist, der da überrascht und für eine ungute Sache gewonnen wird. Die "Verzweiflung eines Unglücklichen"[14] verbindet sich mit der "Schwäche in Karl Moors Wesen selber."[15] Und diese entstammt richtungslosem Ehrgeiz, jugendlicher Weltverachtung, Rachegelüsten, instinktloser Raschheit und mangelhaftem Verständnis der Ordnungen, die sich unter den rechten Bedingungen zur "Anfälligkeit des Glaubens"[16] verdichten.

---

12 Beck, "Die Krisis des Menschen," S. 128.

13 N. A. III, xvii.

14 August Raabe, *Idealistischer Realismus* (Bonn, 1962), S. 44.

15 Von Wiese, *Schiller*, S. 149. v. Wiese akzeptiert im wesentlichen die Argumente Becks.

16 Beck, "Die Krisis des Menschen," S. 129. Beck erkennt auch Karls Prädisposition und lenkt das Augenmerk auf den wichtigen, im nachhinein gesprochenen Satz: "was für ein Tor ich war, daß ich ins Käficht zurück wollte!"

In der Erinnerung Amalias und des alten Moor lebt allerdings ein anderer, idealisierter Karl, einer, der dessen Selbstbeurteilung eher entspricht als der wirklichen Person. Franz hat schon am Anfang sein hämisches Bild des Bruders gegen das schmeichelhafte des Grafen gehalten. In der zweiten Szene des zweiten Aktes malen nun Vater und Braut ein noch berückenderes Portrait von Karl, nämlich das eines fast übermenschlich guten, vor Leben vibrierenden, liebenden jungen Mannes. Man glaubt ihnen, daß er auf sie so wirkt, ja sogar, daß sie ihn nur so kennen. Die Augen der Liebe sehen nur das Gute und übertreiben es. Und indem sie es tun, verdeutlichen sie den Bruch in der Psyche des abwesenden Helden, den sie später gerade durch ihre unbestechliche Liebe heilen helfen.

In dem nächsten Auftritt erscheint Karl wieder, und zwar jetzt als jemand, dessen innere Widersprüche einen prekären und beunruhigenden Waffenstillstand geschlossen haben. Durch Führereigenschaften, Rachedurst und Gelegenheit zum Räuberhauptmann geworden, hat er in den zwischen den beiden ersten Akten liegenden elf Monaten den Robin Hood zu spielen angefangen, um damit seine Mordbrennereien moralisch zu rechtfertigen. Beck erklärt diese Wandlung aus der Entstehungsgeschichte des Dramas. Ihm nach tritt "ein nicht ganz verheilter Bruch der ideellen Konzeption zutage."[17] Dieser Erklärung bedarf es aber kaum, denn eigentlich bestätigt das hinzugekommene stittliche Element nur Karls ursprüngliche Anlage als potentieller Räuber, der Bettlern Pfennige zuwirft.

Mit der Veränderung, die, wie der Text nun einmal vorliegt, zwischen I, 2 und II, 3 in Karl vorgeht, ist seiner grundsätzlichen Dualität durchaus gedient. Und wie sehr Schiller an eben dieser liegt, geht daraus hervor, daß er immer wieder auf sie anspielt. Während Spiegelberg Greuel über Greuel begeht, weiß Ratzmann von Karls Großzügigkeit und guten Taten zu berichten; während die Spießgesellen sich viele Exzesse erlauben, hat Karl "auch schon brave Kerls angelockt." Und gegenwärtig zweifelt der Räuber Moor an seinem Vermögen, angesichts dieser Exzesse "das Rachschwert der oberen Tribunale zu regieren," aber auch dabei zeigt sich seine Doppelbödigkeit. Wohl will er fliehen

---

[17] *Ibid.*, S. 133.

wieder einmal umkehren, da seinen Taten die gewünschte Reinheit fehlt, aber in demselben Atemzug, in dem er vom Entsagen und sich Verkriechen redet, vergleicht er die unnötigen Morde seiner Kumpane mit Naturgewalten wie Pestilenz, Flut und Feuer—und entzieht sich dadurch der Verantwortung. Seine Worte klingen wie eine Umschreibung der bekannten Entschuldigungen aller Revolutionäre: wo gehobelt wird, da fallen Späne; on ne fait pas d'omelette sans casser des œufs. Wenigstens ist das eine der möglichen Deutungen der merkwürdigen Parallele zwischen menschlichen Untaten und zerstörungswütigen Elementen, die an Wahrscheinlichkeit gewinnt, wenn man bedenkt, daß sich an diesem Zeitpunkt dem unmittelbaren Fluchtgedanken kein unmittelbarer Sühnegedanke zugesellt. Die blinde Rache des ersten Aktes ist also nicht durch ein Richteramt ersetzt, sondern damit verquickt.

Wenn es auch Karl, wie gesagt, eben jetzt nicht einfällt, eine Schuld auf sich zu nehmen, so ist ihm doch schon bewußt, daß er sich einmal wird stellen müssen, und zwar entweder freiwillig oder unter Zwang. Auf lange Sicht rechnet er schon mit gerechter himmlischer Vergeltung, wie aus der Unterredung mit dem Pater hervorgeht. Der Pater mit seinen böhmischen Reitern bewirkt zweierlei: einmal vereitelt er Karls Flucht, und zum andern liefert der Abgesandte einer sehr unvollkommenen Gesellschaft gute Gründe, warum Räuber Moor noch eine Weile Räuber bleibt. Mit der schon dargelegten Ambivalenz zählt Karl einige seiner unverantwortlichen bösen Taten auf—nur das Wort von der bigotten Stadt klingt wie eine kleine Rechtfertigung—, fügt dann aber eine Liste von Diebstählen und Morden hinzu, die er um der Gerechtigkeit willen begangen oder veranlaßt hat. Angesichts des Vertreters der "Pharisäer . . . Falschmünzer der Wahrheit . . . Affen der Gottheit" siegt sein Stolz auf die positiven Leistungen über die Scham wegen der sinnlos abscheulichen. "Ich bin kein Dieb, der sich mit Schlaf und Mitternacht verschwört," sagt er; "was ich getan habe, werd ich ohne Zweifel einmal im Schuldbuch des Himmels lesen, aber mit seinen erbärmlichen Verwesern will ich kein Wort mehr verlieren." In seiner Erbärmlichkeit hat der Pater unrecht, selbst wo er recht hat. Dadurch fordert er Karls hartnäckigen Widerstand geradezu heraus und verschiebt nicht nur äußerlich den Moment der Flucht—wie ernst war es dem Räuber überhaupt damit?—, sondern auch innerlich den Moment der Einkehr.[18]

Noch einen weiteren Beitrag zur Charakterisierung Karls liefert der lange und reichhaltige dritte Auftritt des zweiten Aktes. In ihm arbeitet der Dichter den diktatorischen Zug seines Helden heraus, ohne welchen dessen Haltung im folgenden Akt und die spätere Ermordung Amalias viel an Plausibilität einbüßen würde.

Karl ist eine Vorgesetztennatur. Die lang ausgesponnene Episode mit dem Hund beweist sein angeborenes Talent als erfindungsreicher und vor keiner Initiative zurückscheuender Mensch, das heißt, als Führer. Man kann ihn sich, so wie Franz es tut, nur an der Spitze vorstellen und nicht in irgendeiner untergeordneten Position. So erweckt es dann auch kein Erstaunen, daß Roller auf Karls Hauptmannschaft besteht und die Studentenbanditen—alles intelligente Kerls— sich nur auf diesen einen Befehlshaber einigen können. Selbst Spiegelberg muß sich unterwerfen als Zeugnis für Karls machtvolle Persönlichkeit. Man schwört ihm den Treueid bis in den Tod, und er schwört, Hauptmann der Rotte zu bleiben bis in den Tod. Zwar stehen Roller und Schweizer Karl näher als die anderen, aber alle, sie nicht ausgenommen, sind Untergebene, Leutnants, Gefreite, einfache Soldaten. In der zweiten Szene des ersten Aktes ist das noch nicht völlig verdeutlicht, der zweite Akt läßt jedoch darüber keinen Zweifel mehr zu. Wo Karl seiner moralischen Entrüstung über Spiegelberg und Schufterle Luft macht, heißt es: "Überlegt ihr?—Wer überlegt, wann *ich* befehle? —Fort mit ihm, sag ich,—es sind noch mehr unter euch, die meinem Grimm reif sind. Ich kenne dich, Spiegelberg. Aber ich will nächstens unter euch treten, und fürchterlich Musterung halten (*Sie gehn zitternd ab*)." Berechtigter Unmut oder nicht, das ist nicht nur Sturm- und Drang-Explosivität, es ist auch hochtrabender diktatorischer Schwulst. Kein Wunder, daß es Rom und Sparta waren, die er mit Kerlen wie sich selbst bei seinem ersten Auftreten zu überbieten trachtete und

---

[18] Es ist demnach nicht richtig, wenn man behauptet hat, daß die Tragödie im zweiten Akt "eigentlich an ihrem Ende" ist. Vgl. Schwerte, "Schillers 'Räuber,'" S. 161.

nicht etwa Athen. Und kein Wunder auch, daß man von "germanischer Mannes- und Gefolgschaftsehre" gesprochen hat.[19]

Das Wichtige daran ist dieses: das Diktatorische enthält ein klein wenig Sadismus, dem ein Schuß Masochismus in den Räubern entspricht. In derselben Szene sagt Moor etwas später zu seinen Leuten: "Ihr seid nicht *Moor*!—Ihr seid heillose Diebe! Elende Werkzeuge meiner größeren Plane, wie Strick verächtlich in der Hand des Henkers!" Selbst wenn man sich daran erinnert, daß Karl etwas Gutes mit diesen Worten bezweckt, daß er seine Bande zum Abfall von ihm, und damit zu ihrer Rettung, veranlassen will, bleiben sie noch ein starkes Stück. Gewiß, er bietet den Räubern die Gelegenheit, sich von ihm abzusetzen, aber die Art, wie er es tut, spontan tut, muß einem liegen; die hochmütigen Worte müssen einem einfallen; der anmaßende Ton muß einem natürlich zugehören. Und die Räuber? Sie sind nicht erwachsener als er; sie bleiben. Er ist die Sorte Mensch, der zu gehorchen ihnen Genugtuung gibt. So sind Bande und Bandenchef mehr als verbunden, sie sind einander verfallen. Daran muß man im fünften Akt denken, wenn die gewaltsame Auflösung des Bundes scheinbar unlogische Formen annimmt.

Allerdings braucht man auf die ersten Auswirkungen der im zweiten Akt gezeigten gegenseitigen kleinen Hörigkeit nicht bis zum fünften zu warten. Schon im nächsten macht sie sich bemerkbar. Hier verstärken sich erst einmal Karls Reue, sein Gefühl der Ohnmacht und die Sehnsucht nach Frieden, nach der Idylle. Die Kosinsky-Episode hebt Karls Bewußtsein der Unmöglichkeit hervor, durch Verbrechen Ruhm zu ernten. Gleichzeitig aber bindet sich der Räuberführer noch enger an seine Genossen. Diese haben ihre Treue bewiesen und den Tod Rollers an dreihundert Feinden gerächt. Die zuvor bezeugte Selbsterkenntnis weicht der Rührung, und Karl wiederholt seinen Schwur: *"Bei den Gebeinen meines Rollers! Ich will euch niemals verlassen."*

---

[19] Vgl. *ibid.*, S. 165 f. und Fußnote 17, S. 171. Ich pflichte Schwerte in seiner Ablehnung der Ibelschen Interpretation durchaus bei, aber den Einwürfen des Forschers ist jedoch zur Seite zu stellen, daß die Fehldeutung eines Voreingenommenen nicht ganz aus der Luft gegriffen ist, daß Schiller Karl und den Räubern wirklich Züge verliehen hat, die, wenn sie überbetont werden, gewissen Verzerrungen leicht dienen können.

Noch ist kein Entrinnen aus der Zwitterstellung. "Ein heulender Abbadona" sieht keinen Weg zurück. Im Gegenteil, mit einem erneuten Eid wird die Umkehr noch schwieriger gemacht, als sie schon war.

Der in die Heimat zurückgekehrte Karl erweitert unsere Kenntnis seines Charakters, indem er uns zeigt, was ihn beeindruckt und was nicht, worauf er anspricht und worauf nicht. Als er erfährt, daß er einer brüderlichen Intrige zum Opfer gefallen ist, stößt er wütende Anklagen gegen Franz und gegen sich selbst aus, gegen die Bosheit des ersteren und gegen die eigene dumme Leichtgläubigkeit, dann aber will er fliehen—man würde sagen, merkwürdigerweise, wenn es sein erster Fluchtgedanke wäre—und den Bösewicht die Früchte seiner Untaten ernten lassen. Zwar sind seine Worte im dritten Auftritt des vierten Aktes die eines Müden und Abgekämpften, aber das allein erklärt sie nicht. Nur wenn man die Beziehung zwischen den Brüdern als die Kehrseite der Beziehung zwischen Vater und älterem Sohn ansieht, sind sie eigentlich verständlich. Wie in dieser vor dem Bruch eine Verpflichtung bis zur Selbstaufopferung lag, fehlt es jener so sehr an jeglicher Obligation, daß Karl sich zu keiner richtigen Entrüstung über den unanständig herzlosen Bruder aufschwingen kann. Ähnlich wie Wallenstein keinen Dank von dem ihm gleichgültigen Isolani erwartet—"war *ich* ihm was, er *mir*?"—, gerät Karl nicht in den gleichen Paroxysmus über Franz wie vordem über den Vater. Wo keine Liebe ist, da lohnt auch die Aufregung nicht.

Umgekehrt üben Liebe und Vertrauen alsbald ihren guten Einfluß aus. Zum dritten Mal will Karl, wie schon erwähnt, den Gegebenheiten entrinnen, und zum dritten Mal wird er daran gehindert. Diesmal ist es Amalia, die ihn festhält, oder genauer, ihre Trauer vor seinem Bilde. Er bleibt und hört ein Loblied auf sich selbst. "Nachstrahl der Gottheit" ist er; "Nicht eine Fliege konnt er leiden sehen—Seine Seele ist so fern von blutigen Gedanken, als fern der Mittag von Mitternacht is." Während sie spricht, weiß er, daß er diese Vergötterung nicht verdient, aber gerade das bewirkt eine Veränderung in ihm. Wie sie ihn beschreibt, hat Amalia sein Wunschbild von sich selbst gezeichnet. So hätte er sein mögen. Und daß jemand glaubt, er sei wirklich so, erzwingt eine neue Analyse seiner Existenz. Er sucht seine Genossen im Walde auf und erscheint auf einmal viel abgeklärter als vorher. Durch Spiegelbergs gewaltsames Ende wird die Verwandlung gefördert. Klar erkennt er jetzt seine Doppelrolle als Übeltäter und Kind des Himmels. "Bald—bald ist alles erfüllt," sagt er nach dem Tode seines teuflischen Kumpanen, und trotz inhaltlicher Gegensätzlichkeit denkt man an Markus 15, 28: "Da ward die Schrift erfüllet, die da sagt: 'Er ist unter die Übeltäter gerechnet.'" Hatte er dem Pater dem Sinne nach gesagt, daß er zwar schlecht gehandelt aber doch auch Gutes gewirkt habe, so vertauscht er jetzt, da man ihn liebt und ihm traut, das Zwar und das Aber, ändert die Betonung und gibt zu, daß er gewiß Gutes gewirkt, aber doch von jedem sittlichen Standpunkt aus schlecht gehandelt hat.

Der alte Moor trägt ebenfalls dazu bei, Karls Selbstverdammung vorzubereiten, und zwar, ähnlich wie Amalie, während er ihn erhöht. Im fünften Akt ruft der verlorene Vater den verlorenen Sohn mit den Worten an: "Ich habe gesündigt im Himmel und vor dir. Ich bin nicht wert, daß du mich Vater nennst." Damit wird der "Nachstrahl der Gottheit" wiederum ins Überirdische erhoben. Gleichzeitig aber verzeiht der Vater dem toten Franz sein Ränkespiel. Die Ermordung des tückischen Bruders war Karls jüngste Rechtfertigung in seinem zwiespältigen Dasein gewesen. (Von Franzens Selbstmord weiß er zu diesem Moment noch nichts.) Da nimmt Graf Moor ihm diese fort, indem er dem Bösen vergibt, und lenkt damit den Blick des Räubers Moor wieder von der menschlichen auf die göttliche Ordnung. In äußerster Verdichtung wird das Wort des Alten zum Blitz und leuchtet in Karls Seele. "Erbarmung! o Erbarmung!" sagt der Vater und ringt die Hände. "Itzt—itzt wird mein Kind gerichtet!" Und der Sohn fragt erschrocken: "Welches?" Danach dauert es nicht mehr lange, bis Karl zur völligen Reife und Einsicht kommt.

Dies geschieht in Stufen, fängt in einem besonders ereignisreichen Teil des letzten langen Auftritts an und ist so eng mit benachbarten Vorgängen verflochten, daß nur die sorgfältigste Aufmerksamkeit Karls Umschwung inmitten verschiedener Seelenregungen bemerkt. Zunächst setzt sich der Dialog zwischen Vater und Sohn fort. Das Wesentliche daran ist, daß der sich schuldig fühlende alte Moor, welcher soeben Franz verziehen hat, nun auch noch Karl segnet und damit glühende Kohlen auf dessen Haupt sammelt. Dann bringt ein Teil der Räuber die Nachricht von Franzens Selbstmord, während ein anderer Amalia herbeiführt. Die Gegenwart des Vaters und der Geliebten wird Karl auf einmal zur furchtbaren Erleuchtung. "Reißt sie von meinem Halse! Tötet sie! Tötet ihn! mich! alles!" schreit er und will davon. Wir zählen: es ist das vierte Mal. Aber mit seinem "Zu spät! Vergebens!" fängt er alsbald an, für sich einzustehen. Er rennt nicht, obwohl kein Hindernis sich ihm in den Weg stellt. Auch sucht er keine Ausflüchte. Nein, er erklärt, wer er wirklich ist, obwohl er die Wirkung seiner Worte, nämlich den Tod des Vaters, voraussieht. Es folgt eine Pause, die das Ungeheuerliche des Augenblicks unterstreicht. Ironie der Ironien, was Franz bei aller Verschlagenheit nicht gelungen ist, nämlich den alten Grafen umzubringen, Karl gelingt es im ersten Moment völliger Ehrlichkeit. Und damit ist die Wendung vollzogen.

Noch einmal überschneiden sich die Ordnungen. Ein neuer Karl begreift seine Konfrontierung mit denen, die ihn lieben, als die göttliche Antwort darauf, daß er selbst Liebende getötet, Geburten verhindert und Kinder umgebracht hat. Bezeichnenderweise denkt er in der Erinnerung an seine bösen Taten nur an solche, die er der lebenspendenden Kraft der Liebe zuwider verrichtet hat. Von Hilfe für die Armen und Ausgebeuteten ist keine Rede mehr. Die Robin Hood-Rechtfertigungen sind bedeutungslos geworden. Nichts zählt außer dem göttlichsten der menschlichen Gefühle. "—Oh, er vergißt nicht, er weiß zu knüpfen— darum mir die Wonne der Liebe! darum mir die Folter der Liebe! Das ist Vergeltung!" Der rasche Egoist, der sich anfangs verworfen fühlte und dann feststellte, daß er es eigentlich nicht war, jetzt ist er es und weiß es auch.

Sein Wissen wird behärtet durch die notwendige Ermordung Amalias, der die Lektion voraufgeht, aus der Karl lernt, was Liebe eigentlich ist. "Mörder! Teufel! Ich kann dich Engel nicht lassen." Mit diesem Satz bekennt die Braut sich zu ihrem verbrecherischen Geliebten. Einen Augenblick lang glaubt er sich durch diese unwandelbare Treue gereinigt und träumt, mit der ihm eigenen Plötzlichkeit, von einem glücklich friedlichen Leben mit Amalia. Da präsentieren ihm die Räuber seine beiden Eide, erwähnen den gefallenen Roller und verlangen "Opfer um Opfer."

Die oben dargelegte, in den Charakteren verankerte und durch Erlebnisse zementierte Bindung gibt ihrem Anspruch das Zwingende. Unmöglich kann ein wachgewordener Karl seine Bande einfach mit Gelächter oder mit Achselzucken stehen lassen. Und eine in voller

Kenntnis seines verpfuschten Lebens zu ihm haltende Amalia bleibt, solange sie lebt, eine Gefahr. Nur ihr Tod ist Garantie gegen die Fahnenflucht. Hatten die Kumpane an den meisten Handlungen teil, die Karl für den Tod des alten Moor verantwortlich machen, so ist der Jüngling sich im Falle der Amalia bewußt, daß er eine letzte Einzelschuld auf sich nehmen muß, ehe er seine Gesamtschuld tilgen darf. Wie weit er schon vor diesem Notmord gekommen ist, geht daraus hervor, daß er sich jetzt zum ersten Mal nicht nur Verbrecher, sondern auch Sünder nennt. "Kann ein großer Sünder noch umkehren? Ein großer Sünder kann nimmermehr umkehren . . ." Die Umstände und eine Eingebung des Augenblicks helfen ihm, das Gräßliche zu vollbringen. Die Räuber kommen ihm beinahe bei der Ermordung zuvor. Da erinnert er sich seiner Führerrolle und stößt zu mit den Worten: "Moors Geliebte soll nur durch Moor sterben." Und wenn hier wieder die alte Selbstüberhebung durchscheint, so ist sie doch diesmal sinnvoll, da er sich durch sie freikauft von den Räubern, was ja Vorbedingung ist für den allerletzten Schritt zum Ich und zur Gnade.

Übrigens würden wir ihm die Selbstüberhebung auch verzeihen, wenn sie ihm nicht über den Mord hülfe, denn sie fungiert augenscheinlich hier und danach als Krücke und Trost. Dem Räuber Karl, der sich ehrlich im Spiegel seines Lebens betrachtet, bleibt nichts außer dem Gefühl der Größe. Alles, was er einst dachte und tat, hat sich als falsch erwiesen, aber nichts daran war kleinlich. Daran muß er sich halten. So ist er nicht nur ein Sünder, sondern ein großer Sünder. So tötet er seine Braut selbst, denn sie ist ein Teil von ihm und soll nicht von gewöhnlichen Räubern im Tode besudelt werden. So übertreibt er mit prahlerischem Pathos[20] seine Bedeutung, wenn er seine Selbsterkenntnis in die berühmten Worte von den *"zwei Menschen wie ich"* kleidet, die *"den ganzen Bau der sittlichen Welt zugrund richten würden."* So gibt er selbstgefällig zu, daß man ihn um seinen freiwilligen Tod bewundern könnte. Und so endet er nicht in Demut, sondern mit der

---

[20] Ludwig Bellermann bemängelt Karls Formulierung, denn, sagt er, "wir haben mehr Zutrauen zu dem 'Bau der sittlichen Welt'"; er akzeptiert aber das Großtuerische als Charakteringredienz in Karl, ohne darin einen Teil der "Lebenslüge" Karls zu erkennen. Vgl. Ludwig Bellermann, *Schillers Dramen*, 5. unveränderte Aufl. (Berlin, 1919), I, S. 89.

großartigen Geste des bekannten Schlußsatzes, "dem Mann kann geholfen werden." Was am Anfang anstößig war, jetzt lassen wir es ihm
gern, da er illusionslos im Urteil über sein Leben mit der Welt einig
ist.

Der Vorhang fällt, und das Portrait Karl Moors ist vollendet. Und
in der Tat ist es, wie Schiller im Avertissement zur ersten Aufführung
der Räuber sagt, das "Gemälde einer verirrten großen Seele."[21] Nur
muß man das Wort "verirrten" betonen, so wie Schiller selbst im "Monument Moors des Räubers" das Wort "Verstoß" unterstreicht in der
Zeile "Erhabner *Verstoß* der Mutter Natur!"[22] Es ist das Bild eines
unreifen und daher fragwürdigen Idealisten, der nichts von dem tut,
was Schiller viele Jahre später dem empfindsamen Freund der Natur
mit viel Beredsamkeit empfiehlt. Er unterscheidet "das Böse" nicht
von "den Übeln der Kultur." Er sorgt nicht dafür, daß er "unter jenen
Befleckungen rein, unter jener Knechtschaft frey, unter jenem launischen
Wechsel beständig, unter jener Anarchie gesetzmäßig" handelt.[23] Anstatt sich vor der Verwirrung in sich zu fürchten, schwankt er etwas
infantil zwischen Flucht und Selbstrechtfertigung und vergößert ständig die Diskrepanz zwischen seiner Idee von sich selbst und seiner
Wirklichkeit. Die sehr verbesserungsbedürftige Umwelt als Ganzes
ist nicht geeignet, ihn der Wahrheit näher zu bringen, aber der Vater
und die Braut erreichen es schließlich. Durch die Liebe gelangt er zur
Reife. Seine Tragik aber ist, daß die Selbsterkenntnis, die allein ihn
zu einem wertvollen Menschen machen könnte, ihm keine Wahl außer
dem Tod läßt, ja daß jegliche Alternative die Echtheit der Erkenntnis
in Frage stellen würde.

---

[21] Friedrich Schiller, *Sämtliche Werke*, Hrsg. Gerhard Fricke und Herbert G.
Göpfert in Verbindung mit Herbert Stubenrauch, 4. durchgesehene Aufl. (München,
1965), I, 489.

[22] N. A., I, 117. Hier gesperrt gedruckt. In anderen Ausgaben auch kursiv.

[23] N. A., XX, 428. Der ganze Absatz in "Über naive und sentimentalische Dichtung" klingt, als sei er auf Idealisten vom Schlage Karl Moors gemünzt.

II. FIESCO, DER VERSCHWÖRUNGSSPIELER

Als tragödie ist *Die Verschwörung des Fiesco zu Genua* nicht zur retten.
Sie enthält weniger Untergangsstimmung und -gehalt als *Zryny*, und
ihr Held ruft weniger Mitgefühl hervor als Uhlands Herzog von Schwa-
ben. Überall "fehlt der volle Ernst der Wirklichkeit!"[1] Die Frage
"Tyrannis oder Menschenrecht und Freiheit" verläuft "im Sande."[2]
Von dem Monolog am Ende des zweiten Aktes, der laut Benno von Wiese,
"nach viel äußerer Handlung endlich auch innere Problematik" bringt,[3]
sagt ein so bedeutender Kenner des Theaters wie Arthur Kutscher:
"Das ist eine Theaterrede."[4] In allen Fassungen "fehlt es an Tragik";[5]
kurzum, der Fiesco ist "bad art."[6]

Als Charakterstudie aber ist Schillers zweites Stück immer noch eine
Untersuchung wert, und zwar nicht nur, weil, wie einige Forscher dar-
legen, darin Privatprobleme des Dichters erhellt werden,[7] sondern
auch, weil im Helden ein gewisser Verschwörertyp so gültige Gestalt
gefunden hat, daß die Bühne, sei es nun eine Tragödie oder nicht,
sich immer wieder dieses schwachen Dramas bemächtigt.

Die meisten Kritiker verfolgen entweder die Figur des Fiesco durch
die fünf Akte des Stückes, oder sie stellen die zwei zentralen Monologe
an den Anfang ihrer Betrachtungen. In beiden Fällen enden sie ge-
wöhnlich mit dem nie befriedigenden Bild eines Hauptcharakters, der

---

[1] Gerhard Storz, *Das Drama Friedrich Schillers* (Frankfurt, 1938), S. 94.

[2] Gerhard Fricke, "Die Problematik des Tragischen im Drama Schillers," *Vollendung und Aufbruch* (Berlin, 1943), S. 387.

[3] Benno von Wiese, *Friedrich Schiller*, 3. durchgesehene Aufl. (Stuttgart, 1963),
S. 176.

[4] *Schillers Werke*, herausgegeben und mit einem Lebensbild versehen von Arthur
Kutscher (Leipzig, o. J.,) Zweiter Teil, S. 151.

[5] Gerhard Storz, *Der Dichter Friedrich Schiller*, 3., um einen Anhang erweiterte
Aufl. (Stuttgart, 1963), S. 69.

[6] W. F. Mainland, *Schiller and the Changing Past* (London, 1957), S. 31.

[7] Siehe zum Beispiel Mainland, *ibid.*, S. 23 f.; Emil Staiger, *Friedrich Schiller*
(Zürich, 1967), S. 262-265; und Adolf Beck, "Die Krisis im Drama des jungen Schiller," *Forschung und Deutung* (Frankfurt a. M., 1966), S. 137-139.

einen "Konflikt zwischen sympathetischem Empfinden und den Lok-
kungen der Macht" erlebt[8] und letzteren erliegt. Wenn man aber, wie
es hier geschehen soll, von Schillers Erklärung ausgeht, wonach sein
Held "ein Opfer der Kunst und Kabale" ist[9]—der eigenen, versteht
sich—, dann sieht man einen ganz anderen Fiesco, nämlich einen, dessen
Sucht nach Größe von dem Hang zur Verstellung dauernd durchkreuzt
und schließlich zu Fall gebracht wird.

Solch ein Fiesco erklärt viel. Er erklärt, warum sein Konflikt zwischen
Tugend und Ehrgeiz an der Oberfläche bleibt und so etwas wie den glücklichen Ausgang der Mannheimer Bühnenfassung als geringere Möglichkeit zuläßt; er erklärt, wieso es im Helden keinen Zwang und keine
Notwendigkeit gibt, und schließlich bietet er einerseits Gründe für
seinen Erfolg beim Umsturz eines Regimes, und andererseits für sein
Versagen bei der Usurpation der erledigten Krone.

"Kunst und Kabale" sind hier als Tarnung und Ränkespiel zum
Zwecke der Verschwörung zu betrachten. Maskenspiel und Manipu-
lation wäre eine gute Alternative für Schillers alliterierenden Ausdruck.
Fiesco muß, um die Dorias zu überwinden, viele Intrigen spinnen,
viele Vorbereitungen treffen, und gleichzeitig muß er "das Gewebe
eines Meisters" (I, 8) verstecken. Und man weiß nicht, was ihm mehr
Spaß macht, die Machinationen oder die Heuchelei; sicher aber verwirren sich das verkappte Ziel und die gezielte Verkappung, bis das
erste erreicht und die letztere gefährlich geworden ist. Der Histrione
spielt Herzog auf der Bühne Genua, aber sein Tod ist einer, von dem
man nicht aufsteht, um Applaus einzuheimsen.

Es hilft dem Verständnis, wenn man "Kunst und Kabale" als Er-
satzkonstruktionen für wirkliche Tragik ansieht. Am Anfang führen
sie zum Erfolg. Vier Akte lang gelingt Fiesco alles. Im fünften fällt
dann sein Gebäude zusammen. Wie bei echten tragischen Helden ist
sein Scheitern schon im Erfolg enthalten, aber anders als jene geht
er seinen Weg, ohne daß eine erschütterte Weltordnung und sein Gewissen sich gegen ihn verbünden. Im Grunde fällt er, weil in dem

---

[8] August Raabe, *Idealistischer Realismus* (Bonn, 1962), S. 49.

[9] "Vorrede," Friedrich Schiller, *Sämtliche Werke*, 4. durchgesehene Aufl. (München, 1965), I, 640.

Artifiziellen, das ihm den ersten Sieg verschafft, kein Raum ist für Wissen und Gewissen. Ein blinder Proteus steigt und stürzt.

Diesen lohnt es sich, genauer zu kennen. Drum sei seine Laufbahn hier verfolgt, wobei die Aufmerksamkeit mehr auf sein Wesen als auf seine Handlungen gelenkt werden soll. Die erste Aufgabe ist es, den Planer vorzustellen, dem die Revolution "wie eine reife Frucht"[10] in den Schoß fällt; als zweites gilt es zu zeigen, wie schon in dem Sieger der Verlierer enthalten ist.

Der Graf von Lavagna, das Haupt der genuesischen Verschwörung, hat in Schillers Personenverzeichnis mit Gianettino, seinem ersten Gegenspieler, nur das Adjektiv "stolz" gemein. Dennoch ähnelt er in seiner Denkart dem jüngeren Doria in einem erstaunlichen Grade. Wie dieser ist er ehrgeizig, wie dieser strebt er nach der Herzogswürde. Fiesco und Gianettino sind auch beide völlig amoralisch und wissen, daß es eine Größe gibt, die jenseits von Gut und Böse liegt. Fiesco sagt: "Es ist schimpflich, eine Börse zu leeren—es ist frech, eine Million zu veruntreuen, aber es ist namenlos groß, eine Krone zu stehlen. Die Schande *nimmt ab* mit der *wachsenden* Sünde" (III, 2). Diesen berühmten Sätzen entsprechen Gianettinos leicht zu übersehende: "Alltagsverbrechen bringen das Blut des Beleidigten in Wallung, und alles kann der Mensch. Außerordentliche Frevel machen es vor Schrecken gefrieren, und der Mensch ist nichts." (III, 9). Besser als Fiesco versteht Gianettino, warum die Schande mit der wachsenden Sünde abnimmt. Die beiden sich ähnelnden Feinde brauchen weiterhin einen Helfer, der ihnen Spionage- und Handlangerdienste verrichtet, den Mohren der eine und Lomellino der andere. Beide suchen auch Beistand von außerhalb; und schließlich bemüht sich Gianettino so gut wie Fiesco um die Tarnung seiner Machenschaften.

Bei aller Geistesverwandschaft der Konkurrenten gibt es jedoch auch wesentliche Unterschiede, und zwar besonders im Lebensstil. Fiesco ist der Fähigere, und alles hat bei ihm einen generöseren Zuschnitt als bei Gianettino. Er verfährt großzügiger mit Muley Hassan als der jüngere Doria, plant mit größerer Weitsicht, behandelt die Handwerker und den Adel mit Glacéhandschuhen, die die eiserne Hand ver-

---

[10] Von Wiese, *Schiller*, S. 176.

bergen, vermeidet Gewalt und spart mit nichts. Das Glück ist, wie es sich gehört, mit dem Geschickteren: seine Galeeren treffen ein, Gianettinos Mailänder nicht. Der Hauptunterschied aber zwischen den beiden Rivalen um die Krone Genuas und ein wichtiger Grund für Gianettinos elendes, wenn auch verdientes Schicksal ist Fiescos Überlegenheit in der Heuchelei. Gianettinos "Heiligenmaske" (II, 14) wirkt fast lächerlich neben den Künsten des Grafen von Lavagna, der jenen noch im dritten Akt, Szene 8, glauben macht, er sei nach wie vor "der alte Phantast." Und so vorzüglich tarnt der Protagonist seine Kabalen, daß sein Antagonist keinen Verdacht schöpft, wenn aus den Klöstern der Kapuziner verdächtiges Gesindel wimmelt, (III, 11) ja sogar wenn, unmittelbar vor seinem Tode, im zweiten Auftritt des fünften Aktes, die Kanone kracht, die den Aufruhr einleitet.

Da Gianettino alles andere als naiv ist, muß man sich fragen: wie konnte Fiesco ihn so völlig übertölpeln? Und die Antwort ist, daß niemand mit Fiesco auf dem Gebiet des Theaterspielens in den Wettbewerb treten kann, daß er ganz für die Verstellung und in der Verstellung lebt. Hat man die französische Revolution "ein lyrisches Drama" genannt, mit "Libretto von Chénier, Musik von Gossec, Bühnenbild von David,"[11] so darf man die genuesische Verschwörung als Mummenschanz mit tödlichem Ausgang bezeichnen, Text und Inszenierung vom Hauptdarsteller Fiesco.[12] Wer Ähnliches will wie er und sich in seine Arena begibt, ist verloren. Nur wer fern von aller Spielerei, aller Falschheit, aller Täuschung sich ansiedelt, kann ihm entrinnen oder gar mit ihm fertig werden.

Diese Antwort soll nun im folgenden belegt werden, denn es ist nicht üblich, den Verschwörer als Regisseur und Schauspieler, und daher als Opfer seiner eigenen "Kunst" anzusehen. Das aber ist er während er gewinnt, und das bleibt er, wenn Schicksalsschläge ihn treffen. Ja, daß er so ist und bleibt, macht sein Schicksal aus.

Verdecken, so tun als ob, hinters Licht führen, ist Fiescos Lieblingsbeschäftigung von Anfang an. Die ersten zehn Auftritte des Dramas

---

[11] Vgl. David L. Dowd, *Pageant-Master of the Republic* (Lincoln, Nebraska, 1948), S. 98.

[12] Auf die glücklich endende Mannheimer Version braucht man wegen ihrer vielen Unstimmigkeiten nicht einzugehen.

spielen in seinem Haus, wo er einen Maskenball gibt. Grüne, schwarze und weiße Mäntel wogen über die Bühne, aber niemand verbrähmt sein eigentliches Wesen außer Fiesco. "Gerade er, mit dem freien Gesicht," sagt Staiger, "ist am schwersten zu entziffern."[13] Während Leonore im ersten Auftritt ihre Maske abreißt, Gianettino im zweiten den Mohren als Mörder heuert und Sacco und Calgagno sich im dritten als zweifelhafte Ehrenmänner und Patrioten erweisen, täuscht Fiesco Julia Imperiali im vierten brennende Liebe vor,[14] setzt seinen Betrug im sechsten und siebten Auftritt fort—in der Unterhaltung mit Gianettino und dann mit Verrina—und läßt erst im achten Auftritt den Zuschauer wissen, daß sein Maskenspiel eine gegen die Doria gerichtete Aktion verschleiert.

Die Vorbereitungen für den Staatscoup selbst enthalten echte Theaterstreiche. In Akt II, Szene 5, hört er sich die Klagen der Adeligen gegen Gianettino an, gibt sich, wie vorher schon, für einen Epikuräer aus, flicht aber höchst geschickt ein, daß Genua einen Souverän nötig hat. Ähnlich entwickelt er eine ungemein wirkungsvolle Rhetorik in II, 8, wo er den Handwerkern sich selbst als Herzog schmackhaft macht. Und schließlich inszeniert er mit dem Mohren für die Öffentlichkeit eine Wiederholung des früheren Mordanschlags auf sich, so daß man sagen kann, der Schauspieler Fiesco arbeitet unter eigener Regie.

Das könnte alles nur für die anderen bestimmt sein; Fiesco könnte Meister und nicht auch Sklave seines Maskenspieles sein, das die Manipulationen verhüllt. In den Monologen jedoch wird es klar, daß seine zweite Natur schon automatisch geworden ist und er Theater spielt, selbst wenn er allein sich zuhört.

In den Monologen II, 19 und III, 2, und zwar nur dort, legt Fiesco sich Rechenschaft ab über den Zweck seiner vorhergehenden und zukünftigen Unternehmungen. Der erste der beiden ist der, den Arthur Kutscher eine Theaterrede genannt hat, und man muß ihm beipflichten, denn es fehlt darin an jedem Getriebensein und somit auch an jeder Über-

---

[13] Staiger, *Fr. S.*, S. 135.

[14] Ältere Kritiker wie Bellermann und Palleske mußten noch die falsche Annahme einiger Literarforscher richtigstellen, nach welcher Fiesco wirkliche Leidenschaft für Julia Imperiali empfindet. Vgl. Ludwig Bellermann, *Schillers Dramen*, 5. unveränderte Aufl., (Berlin, 1919), I, 119, und Emil Palleske, *Schillers Leben und Werke* 15. Aufl. (Stuttgart, 1900), I, 283.

zeugungskraft. Er beginnt damit, daß Fiesco Begriffe vermischt. Die
"üppigen Phantomen," das heißt, die Träume von der Krone, ziehen
an ihm vorüber wie Diebe mit Gewissensbissen. Nicht er, nein, seine
Wunschbilder schämen sich. Er leuchtet ihnen aber ins Gesicht und
erkennt sie als Teufelswerk. So stellt er sich als sich selbst überlegen
dar. Aus kühler Distanz gibt er vor, das moralische Problem zu betrachten, das sich ihm präsentiert. Dann aber trifft er am Ende seine Entscheidung zum Guten nicht, weil die Tugend es so gebietet, sondern
weil es die größere, die göttliche Tat ist, und er ist gerührt über seine
eigene Opferfreudigkeit.

Der zweite Monolog ist um vieles rechtschaffener. Sehr schnell wird
darin dem sittlichen Problem der Garaus gemacht, und Fiesco erkennt
seine Wahl als eine, die jenseits von Gut und Böse nur zwischen Groß
und Klein liegt, zwischen *Gehorchen und Herrschen!—Sein und Nichtsein.*" Was ihn aber besticht, ist wieder das Theatralische, die Möglichkeit, Regie zu führen, "den geharnischten Riesen *Gesetz* am Gängel-
bande zu lenken," und, wie er es schon geübt hat, "die unbändigen
Leidenschaften des Volks, gleich so viel stampfenden Rossen, mit dem
weichen Spiele des Zügels zu zwingen." Berauscht von dem eigenen
Wortschwall, trunken von seiner Bildsprache, sieht er sich "Träume
des fürstlichen Fiebers" ins Leben schwingen und beschließt die Usurpation des Thrones.

Wenn hier dem Unrealistischen und Gekünstelten in Fiesco mehr
Wichtigkeit beigemessen wird als üblich, so leistet der Dichter diesem
Vorgehen Vorschub, da er seinem Helden kurz nach den Monologen
Worte in den Mund legt, die sich nur als Hinweis auf das intrikate
Wechselspiel zwischen Schein und Sein in Fiescos Charakter deuten
lassen. Im fünften Auftritt des dritten Aktes, wo die Verschwörer
den Zeitpunkt zum Handeln festsetzen, spricht Fiesco:

> Fahre wohl, Doria, schöner Stern.
> Auch Patroklus ist gestorben
> Und war mehr als du.

Das sagt Achilles zu Hektor in der Ilias, aber Erich Schmidt bemerkt,
daß der Vers auch in Plutarchs "Alexander" zitiert wird.[15] Dort richtet

---

[15] Erich Schmidt, *Schillers Sämtliche Werke*, Säkular-Ausgabe (Stuttgart, o. J.),
III, 447.

der Sophist Kallisthenes diese Worte an Alexander. Kallisthenes aber ist ein Rhetor, der dafür berühmt ist, daß er mit gleichem Erfolg die Mazedonier loben oder verdammen kann. Man hegt Zweifel betreffs seiner Überzeugungen. Dennoch weiß Plutarch zu berichten, daß Alexander den Kallisthenes als Verschwörer hinrichten läßt. Da Schiller all dies bekannt war, darf man annehmen, daß er hier sowohl seinen Helden profiliert als auch schon dessen Ende vorwegnimmt.

Zwei Episoden des Dramas sind überhaupt nur zu verstehen, wenn man Fiesco als einen dem Theatralischen Verfallenen ansieht. Die eine ist die, in der der Hauptverschwörer gewillt ist, sein ganzes Unternehmen rückgängig zu machen, die andere ist die grausame Bloßstellung der Julia Imperiali. Andreas Doria schickt den Muley Hassan zurück und schreibt, er werde sich ganz auf die Anständigkeit Fiescos verlassen. Da vergißt Lavagna den Sinn und den Ernst der Revolution und beschließt, sie abzublasen, um es dem Andreas an Großmut gleichzutun (IV, 9). Zugegeben, Verrinas Drohung, ihn zu verhaften, stimmt ihn um, aber selbst dann noch bedarf er einer Abreaktion und läßt daher den verräterischen Mohren frei. Das ist nicht nur ein komödiantisch wirkender Wille "zur Geltung vor sich selbst, vor dem großen Gegner und der Öffentlichkeit," wie Kurt May sagt;[16] es ist reinstes Komödiantentum.

Der Akt der Generösität seinem schwarzen Diener gegenüber versetzt Fiesco in die rechte Stimmung für sein Katz- und Mausspiel mit Gianettinos Schwester. In der zwölften Szene des vierten Aktes demütigt er diese auf brutalste Weise. Man kritisiert Schiller gern wegen der hier dargestellten Roheit und beruft sich auf Goethe, der ja gesagt hat, daß seinem Freund "ein gewisser Sinn für das Grausame" anklebte.[17] Es handelt sich aber um eine Grausamkeit innerhalb der "heiteren" Kunst, um eine Theatergrausamkeit, die man Kleist in seinem märchenhaften Ritterschauspiel gern vergibt. Die Abwesenheit der geeigneten Stimmung bei Schiller darf man bemängeln, aber nicht

---

[16] Kurt May, *Friedrich Schiller* (Göttingen, 1948), S. 36.

[17] J. P. Eckermann, *Gespräche mit Goethe*, Elfte Originalausgabe (Leipzig, 1910), S. 114 [18. Jan. 1825].

das harte Spiel mit Julia Imperiali. Schiller kennt die Bühnenwirksamkeit von Lauscherszenen und von Schwarz-Weiß-Malerei, und er erlaubt seinem Verstellungskünstler und Theaterdirektor Fiesco dasselbe Wissen. Natürlich besitzt Fiesco genug Geist, Leonore vernünftige Gründe für sein Spiel zu bieten: die Giftmischerin verdiente das Äußerste; es ist aber kein Zweifel, daß seine Ratio im Dienste seiner Theatralik steht und nicht umgekehrt.

Für die "Kunst," die nötig ist, der "Kabale" alle Hindernisse aus dem Wege zu räumen, zahlt der Held einen ungeheuren Preis. So sehr ergibt er sich dem Maskenspiel, daß er kein Organ mehr für Wirklichkeiten hat, im wörtlichen Sinne nicht weiß, wie er wirkt und daher tatsächlich "der alte Phantast" bleibt, wenn auch anders, als Gianettino es meint. Mit theatralischem Hochgefühl offenbart er sich im siebzehnten und achtzehnten Auftritt des zweiten Aktes vier Gleichgesinnten und sieht nicht, was seine erste Ehrlichkeit heraufbeschwört. Das "Seltsame," was Verrina Bourgognino mitteilen will, nämlich die Einsicht in Fiescos eitle Unzuverlässigkeit und die daraus gezogene Folgerung, ist geschickt zwischen die beiden großen Monologe eingefügt, deren Entfernung von der Wirklichkeit dadurch noch einmal unterstrichen wird. Kurz danach spricht Fiesco mit seiner Frau, und er, der immer *"verbindlich," "scherzhaft," "zuvorkommend," "voll Heiterkeit," "Voll und befehlend"* oder auch *"spöttisch"* mit Menschen umgeht, wird von Leonore aus der Fassung gebracht. Bei ihr ist er *"betreten," "äußerst bestürzt," "äußerst verwirrt"* und *"erschüttert."* Er vertröstet sie, in zwei Tagen werde das Rätsel sich lösen. Im Grunde geht es ihm aber gar nicht ein, warum Leonore so reagiert. Seine Bestürzung hält auch nicht lange vor und ist vergessen, sobald er sie *"mit Anstand"* in ein anderes Zimmer führt. Auch der schon erwähnte Konkurrenzkampf mit dem Edelmut des Andreas verrät Fiescos Unfähigkeit, sich auf die einzustellen, die seinen Spielregeln nicht folgen. Und schließlich sei noch auf das für sein Schicksal weniger wichtige, aber für seinen Charakter bezeichnende Unverständnis für die Reaktion des Mohren hingewiesen. Es trifft sich, daß Muley Hassan ihm nicht schaden kann, doch das ist reiner Zufall, und zwar ein glücklicher, denn er wird Fiescos Feind, ohne daß die Veränderung ins Bewußtsein des Helden dringt.

Sind für Fiesco die Menschen nur Marionetten? Glaubt er, immer nur Drähte zu ziehen? Nein, einmal streift ihn die Wirklichkeit, einmal kommt ihm ein Anflug von Erkenntnis. Im vierzehnten Auftritt des vierten Aktes, gleich nach dem tückischen Spiel mit der Imperiali, malt Leonore ihrem Gatten ein realistisches Bild des Herzogdaseins und beweist ihm, daß Herrschsucht und Liebe unvereinbar sind. Fast überzeugt sie ihn, beinahe versteht er. "Leonore, was hast du gemacht?" fragt er tief erregt. "Ich werde keinem Genueser mehr unter die Augen treten." Aber die Stimme der Liebe dringt nicht so tief ein, daß ein Kanonenschuß ihn nicht vor einem Abfall von seinem histrionischen Ich retten könnte. Er geht und macht weiter Politik vom Thespiskarren.

Der Schuß ist der Startschuß der Revolte, derselbe, den Gianettino falsch deutet. Die Szenen 2 bis 11 des fünften Aktes gehören dem Kampf. Während dieses Kampfes entscheidet sich Andreas Doria, nicht zu fliehen; Bourgognino und Berta, die reinen Liebenden, finden sich trotz Bertas Verkleidung; dagegen aber wird Leonore aus Liebe sich selbst untreu. Sie, die durch das ganze Drama ohne Maske geht, stirbt, da sie sich verkleidet. Fiesco tötet sie aus Versehen, da ist aber das Ziel der Verschwörung schon erreicht; Gianettino ist tot, und Genua ist von den Dorias befreit.

"Heil dem Herzog von Genua!" jubelt das Volk im zwölften Auftritt, da kommt im nächsten Arabella, Leonores Kammerfrau und bringt den gräßlichen Irrtum zum Bewußtsein aller. Und alle sind gerührt, und viele weinen; Fiesco aber, der Poseur und Schauspieler, zeigt Theaterschmerz. In vier langen, auf Effekthascherei aufgebauten Reden— er übt sie auf offener Szene, korrigiert sie, streicht aus, ersetzt, wählt und verwirft—sammelt er das Mitleid der Stadt auf sich, so daß er zum Schluß sogar den Zweck seiner Vorspiegelungen eingestehen darf. "Höret, Genueser," sagt er, "die Vorsehung, versteh ich ihren Wink, schlug mir diese Wunde nur, mein Herz für die nahe Größe zu prüfen?" Das Bewußtsein des Helden ist ganz das der Rolle, die er sich zugeteilt hat.

Was Wunder, daß er auch Verrinas Ernst im letzten Auftritt nicht versteht? Verrina weiß: Schauspieler, die sich selbst etwas vorgaukeln, mögen sie auch brauchbare Rädelsführer gewesen sein, sind so gefährliche Führer wie böswillige Tyrannen. Von ihren kapriziösen Regieeinfällen hängt zu viel ab. Hätte Fiesco sich anders entschieden—und das hätte er gekonnt, solange nur seine Eitelkeit als Akteur befriedigt worden wäre—dann hätte er leben dürfen. Wie aber die Dinge liegen, muß er fort. Bis zum letzten "Hilf deinem Herzog!" seiner Theaterillusion verhaftet, stirbt er wie der Zauberer im "Gestiefelten Kater," der sich in alle Tiere und daher auch in eine Maus verwandeln kann und prompt von einem echten Kater verschlungen wird.

III. MEIN LIEBER BRUDER FERDINAND

IN DER EINSCHLÄGIGEN Literatur der letzten Jahrzehnte erscheint Ferdinand von Walter, der Gegenspieler der Luise Miller in Schillers *Kabale und Liebe*, liebenswürdiger, stärker und edler als das Drama rechtfertigt. Zwar würde heute kein Forscher mehr von dem "jugendlich hochgestimmten Idealisten" sprechen, in dem "Schillers Feuerseele" glüht, wie es früher einmal jemand konnte;[1] aber selbst diejenigen, die, wie zum Beispiel Benno von Wiese,[2] Adolf Beck,[3] Wolfgang Binder,[4] Walter Müller-Seidel[5] und die Herausgeber des fünften Bandes der Schiller-National-Ausgabe[6] den jungen Anti-Helden mit kritischem Auge betrachten, belassen ihm viel guten Willen, viel Männlichkeit, oft auch Religiosität, sittliche Reinheit und echte Liebe. Wer jedoch Ferdinand isoliert und genau untersucht, etwa so, wie Müller-Seidel es mit der Luise tut, wird mit einem weit negativeren Befund enden. Ihm wird der Präsidentensohn wie der Bruder Ärgerlich des Volksmundes vorkommen:

> Mein lieber Bruder Ärgerlich
> Hat alles, was er will;
> Und was er hat, das will er nicht,
> Und was er will, das hat er nicht,
> Mein lieber Bruder Ärgerlich
> Hat alles, was er will.

---

[1] Karl Berger, *Schiller*, 10. Aufl. (München, 1918), I, 369.

[2] Benno von Wiese, *Friedrich Schiller*, 3. durchgesehene Aufl. (Stuttgart, 1963), S. 190-219; besonders S. 193.

[3] Adolf Beck, "Die Krisis des Menschen im Drama des jungen Schiller," *Forschung und Deutung* (Frankfurt a. M., 1966), S. 139-149.

[4] Wolfgang Binder, "Schiller—Kabale und Liebe," *Das deutsche Drama* I, hrsg. Benno von Wiese (Düsseldorf, 1958), S. 248-268.

[5] Walter Müller-Seidel, "Das stumme Drama der Luise Millerin," *Jahrbuch Goethe.* Bd. XVII (Weimar, 1955), S. 91-103.

[6] *Schillers Werke*, Nationalausgabe, Bd. V, hrsg. Heinz Otto Burger und Walter Höllerer (Weimar, 1957), S. 185-191.

Ferdinand hat die Vaterwelt, so wie diese ihn hat.[7] Er erkennt sie als schlecht und möchte sich von ihr befreien, aber dazu ist er nicht stark genug. Darum flieht er in das, was er Liebe nennt, verlangt aber von der Geliebten—und zwar nicht aus Religion[8] sondern aus Kompensationsbedürfnis—was man von keinem Menschen erwarten darf. Sie soll sich ganz aufgeben, nichts als sein Echo sein und doch noch Persönlichkeit bleiben, ihm schmeicheln als liebende Null. Ein ohnmächtiges Ich, das wird im weiteren zu belegen sein, sucht seine Bestätigung im Unmöglichen, und wenn es diese nicht bekommt, zerstört es sich, die Vaterwelt und die ungenügende Liebe in einem Doppelmord. Dadurch erfüllt er seine Mission, Luises Schicksal zu werden und ihre tragische Größe zu verkünden.

Die Szenenfolge des Dramas stellt Ferdinand ziemlich genau in die Mitte zwischen Vater und Braut. Erst sieht man das "Liebespaar" (I, 4), dann Vater und Sohn (I, 7), dann wieder Ferdinand und Luise (II, 5) und schließlich alle drei zusammen (II, 6 und 7). Dies Schnittmuster der beiden ersten Akte wiederholt sich in den drei anderen. Ferdinand spricht mit Luise (III, 4), mit dem Präsidenten (IV, 5), wieder mit Luise (V, 2, 6, und 7) und teilt noch einmal die Bühne mit beiden, ehe der letzte Vorhang fällt.

Seine Mittelstellung führt jedoch nicht zu monotoner Symmetrie. Es ist nicht so, als ob ein Kampf *für* eine Sache sich mit einem Kampf *gegen* eine Sache abwechselte. Vielmehr erfährt Ferdinand Zwang, Abfuhr und Erniedrigung vom Vater und sucht Restaurierung der verletzten Seele bei Luise. Unfähig, sich gegen Bedrängungen erfolgreich zu wehren, bedrängt er seinerseits aufs Äußerste.

Wie sehr er dabei bis zum letzten Atemzug seiner Herkunft verhaftet bleibt, geht unter anderem aus dem Motiv des Geldes hervor, das am

---

[7] Schon Palleske sagte: "Ihm [Ferdinand] ekelt vor seiner Umgebung, aber er kann ihr nicht entfliehen." Emil Palleske, *Schillers Leben und Werke*, 15. Auflage (Stuttgart, 1900), I, 298. Andererseits scheint Fritz Martini in seinem wichtigen Aufsatz die Ansicht zu vertreten, daß Ferdinand es bei aller Wesensverwandtschaft von Vater und Sohn fertig bringt, sich völlig vom Vater zu befreien. Vgl. Fritz Martini, "Schillers 'Kabale und Liebe'," *Deutschunterricht*, IV (1952), Heft 5, S. 18-39.

[8] Von Wiese, *Schiller*, S. 199, sagt: "Die Liebe ist ihm zur Religion schlechthin geworden . . ."

Anfang, in der Mitte und am Ende des Dramas aufklingt, aber so leise, daß es immer gleich wieder übertönt wird. Daher sei es, um später die Zusammenhänge nicht zu stören, gleich hier vorweggenommen. In der ersten Szene des Dramas schimpft Vater Miller auf das "Blutgeld," das sein Kind in der Form verführerischer Geschenke "mit Seel und Seligkeit abverdient." Im vierten Auftritt des dritten Aktes, wo Ferdinand der ganzen Welt entfliehen will, sagt der Phantast: "Ich gehe, mache meine Kostbarkeiten zu Geld, erhebe Summen auf meinen Vater. Es ist erlaubt, einen Räuber zu plündern, und sind seine Schätze nicht Blutgeld des Vaterlands?"[9] Und in der letzten Szene des Stücks wirft Miller Ferdinand sein "verfluchtes Gold" vor die Füße, das dieser ihm soeben (V, 5) unter dem Vorwand, alte Schulden begleichen zu wollen, als Bezahlung "für Leben und Sterben" in die Hände gespielt hat. Das Präsidentensöhnlein will aber das Geld dem Musikus gerettet wissen als die einzige Erkenntlichkeit, die ihm in den Sinn kommt. Es gibt also keinen Zeitpunkt, an dem Ferdinand von Walter—wer würde ihn Ferdinand Walter nennen, wie man wohl Karl Moor sagt?— nicht die äußeren Vorteile seiner Geburt als selbstverständlich hinnimmt und ausnutzt.

Aber folgen wir Ferdinand auf seinem Wege durch Luises Tragödie. Gleich bei der ersten Begegnung der Liebenden wird ihre unterschiedliche Haltung der Liebe und dem Partner gegenüber augenfällig. Luise weiß sich Ferdinand unterlegen, und zwar sowohl gesellschaftlich als auch an Ehrgeiz, denn sie erinnert nicht nur an den Vater, sondern auch an "die Stimme des Ruhms—deine Entwürfe." In echter Liebe (und voller trüber Vorahnungen) will sie sich opfern; aber Ferdinand ist eifersüchtig auf alle Überlegungen und Gefühle Luises, die von Unabhängigkeit zeugen. Er klagt sie der Falschheit und des Kaltsinns an. Was er eigentlich von ihr erwartet, sagt er am klarsten dort, wo er sich mit dem Zauberdrachen vergleicht und sie mit unterirdischem Gold, das er bewacht. Und warum er eine so völlige Unterwerfung verlangt, enthüllt er auch, ohne sich darum ganz selbst zu verstehen. "Wer, als die Liebe, kann mir die Flüche versüßen, die mir der Landes-

---

[9] Müller-Seidel bemerkt dazu: "Er [Ferdinand] ist zu einem Handeln bereit, das sich gegen die intrigante und verbrecherische Welt des eigenen Vaters richtet und entlehnt doch die Mittel von eben dieser verbrecherischen Welt." S. 98.

wucher meines Vater vermachen wird?" fragt er rhetorisch, und gibt damit zu, daß er nicht fähig ist, sich von Vater und Hof ganz abzusetzen. Man stellt die Beziehung zwischen dem Drachen und dem Landeswucher her, die Ferdinand nicht herstellt: die Schwäche dem ruchlos erschwindelten Sybaritentum gegenüber wird wettgemacht durch die Beherrschung Luises.

Seine Not flößt Ferdinand Worte ein, die wie reine Liebe klingen und Luise verwirren. Nach diesen wird sie das Opfer nicht bringen, wird nicht aufhören können, ihn zu lieben. (Bei der Lady bezieht er sich später auf diesen Augenblick.) "*Von heut* an—der Friede meines Lebens ist aus—" sagt sie. "Wilde Wünsche—ich weiß es—werden in meinem Busen rasen . . . Du hast den Feuerbrand in mein junges friedsames Herz geworfen, und er wird nimmer, nimmer gelöscht werden." Dies hörend, sollte Ferdinand strahlen, tut es aber nicht. Die Szene endet mit der Bühnenanweisung, "*Sie stürzt hinaus. Er folgt ihr sprachlos nach.*" Das ist weder sprachlose Freude noch einfache Verwunderung über Luises emotionellen Ausbruch, denn nur Gelegenheiten persönlicher Frustration drosseln Ferdinands Stimme, wie zum Beispiel beim Vater, wo er in dumpfer Betäubung dasteht (I, 7) und bei der Lady, wo das Unerwartete ihn in sprachlose Erstarrung versetzt (II, 3). Ein stummer Ferdinand ist also ein unglücklicher Ferdinand. Und warum machen ihn Luises Worte unglücklich? Das Drama gibt keine schlüssige Antwort; wir aber raten: weil Luise kein unterirdisches Gold ist, sondern ein Mensch, eine Frau, die von *ihrem* Leben und nicht seinem, von *ihrem* Frieden und nicht seinem, von *ihrem* Herzen und nicht seinem geredet hat.

Bei seinem Vater benimmt Ferdinand sich anfangs mit distanzierter Zurückhaltung (I, 7). Wenn aber der Präsident seine Schurkereien für den Sprößling begangen zu haben vorgibt, begehrt dieser auf und erklärt, auf sein Erbe verzichten zu wollen. Der Vater nimmt ihn— mit einiger Berechtigung, wie wir wissen—nicht ernst, denn er kennt die Grillen des jungen Majors und auch seine eigene Stärke, die sich zwar zum Teil aus der Gesellschaftsstruktur des achtzehnten Jahrhunderts rekrutiert, zum Teil aber auch aus wirklicher Überlegenheit.

Diese Überlegenheit zeigt sich in der Debatte über die Heiratspläne. Hier entschlüpfen Ferdinand einige Kühnheiten, jedoch leider nicht die einzige Kühnheit, die den Sohn auf die gleiche Stufe mit dem Vater stellen würde, nämlich die Erwähnung Luises. Daher kann der durch Wurm eingeweihte Präsident den Jüngling aufs Glatteis führen, ihm nach der Milford das Fräulein von Ostheim zur Frau anbieten und dem tugendhaften Sohn das Blut in die Wangen treiben. In die Ecke gedrängt und verärgert, verläßt Ferdinand den Vater, um sich bei der verachteten Maitresse des Herzogs seinen Selbstrespekt wiederzuholen.

Seine Unterhaltung mit der Lady ist für die Haupthandlung periphär, enthält aber zwei Punkte, die hier nicht zu ignorieren sind. Der eine ist die unliebsame Überraschung, die er erlebt. Die Milford erweist sich als jemand, dem er sich nicht überlegen fühlen, an dem er seinen Unmut nicht auslassen kann. Das bedeutet, daß nur Luise, immer wieder nur Luise in der Lage ist, ihn für die beim Vater erlittenen Erniedrigungen zu entschädigen. Der zweite Punkt ist im Geständnis seiner Liebe zu suchen. Die Lady, die sich unerwartet als keine Nichtswürdige herausstellt, wird zur Beichtmutter und hört, daß seine Liebe keinem naiv-unmittelbaren Gefühl, sondern einem Pflichtgefühl entstammt. Nachdem er in Luise die Liebe geweckt hat, sagt er, ist es seine Schuldigkeit, zu ihr zu halten. Das wirft ein eigenartiges Licht auf den berühmten Kontrast von "Mode" und "Menschheit," womit er die Welt herausfordert, denn ganz augenscheinlich bezieht sich die Menschheit nicht auf eine einfache, gottgegebene Zuneigung, sondern auf Ferdinands Anständigkeit. Wer pocht jedoch auf Anständigkeit? Jemand, der den "Kaltsinn" Luises begrüßt, weil er ihn einer Schuld enthebt? Nein, sondern einer, der "rationalisiert" und aus einer inneren Not eine männliche Tugend machen möchte.

Dieser Interpretation scheinen die rhetorischen Fragen zu widersprechen, die in Ferdinands letzter Rede innerhalb dieser Szene vorkommen: "*Sie* einem Mädchen den Mann entwenden, der die ganze Welt dieses Mädchens ist? *Sie* einen Mann von einem Mädchen reißen, das die ganze Welt dieses Mannes ist?" Über die Nichtigkeit der ersten Frage besteht kein Zweifel; zur zweiten aber wäre zu sagen, daß Luise erst wieder Ferdinands ganze Welt wird, indem er behauptet, es sei an dem. Seine Erklärung ist sein Triumph. Dadurch, daß er Luise die Treue hält, ist er sich selbst treu. Die Pflicht überwindet die Leidenschaft—als ob der Major nicht ein jugendlicher, unverheirateter Werber, sondern ein Familienvater wäre, den im gefährlichsten Alter eine Sirene zu verlocken suchte—und gibt ihm das Selbstgefühl, das nur Luise ihm geben kann. Das jedenfalls scheint die beste Deutung der Worte, mit denen Ferdinand die Begegnung mit der Lady für Luise zusammenfaßt: "Es war eine schreckliche Stunde ... wo meine Luise aufhörte, ihrem Ferdinand alles zu sein—" und "Du hast gewonnen. Als Sieger komme *ich* [Hervorhebung meine] aus dem gefährlichsten Kampf zurück."

Mit diesem Zitat sind wir schon im fünften Auftritt, in welchem noch ein anderer Satz die Aufmerksamkeit der Kritik auf sich gelenkt hat. Es ist der erste Teil des Schlußwortes: "Du sollst mir bleiben, Luise." Dazu bemerkt Wolfgang Binder: "Ich werde dir bleiben, müßte es in dieser Situation selbstverständlich heißen."[10] Selbstverständlich für jeden, fügen wir hinzu, außer für jemand, der einen Menschen beherrschen muß, um nicht von dem Gefühl der Machtlosigkeit allen anderen gegenüber erdrückt zu werden.

Wie schwach er wirklich ist, zeigt sich in den beiden folgenden, wegen ihrer dramatischen Spannung immer wieder bewunderten Szenen. Hier droht Ferdinand ohnmächtig mit allem möglichen, ohne den Vater nur im geringsten zu beeindrucken. Der Präsident weiß, daß sein Sohn sich nicht mit Luise an den Pranger stellen, mit dem Offiziersdegen keinen einzigen Gerichtsdiener ritzen und seine Gemahlin—will sagen, Luise—nicht durchstoßen wird; kurzum, daß an Ferdinand nichts spitzig ist außer der Zunge. Diese Zunge löst allerdings das Problem des Augenblicks: Ferdinand benutzt seine Mitwisserschaft um des Vaters Untaten zu dessen Erpressung, und eine Krise wird überwunden. Was aber hier triumphiert, sind die Mittel und die Techniken seines Standes. So enthält dieser Sieg auch eine Niederlage für den jungen Mann.

Dem Vater erscheint es jedoch als eine noch empfindlichere Schlappe und ein Affront, für den er sich mit Wurms Hilfe zu rächen gedenkt. Wurm ist ein Kluger, der weiß, daß "ein Gran Hefe" hinreicht, "die ganze Masse in eine zerstörende Gärung zu jagen," und der Präsident fügt diesem nur zu treffenden Urteil noch hinzu, daß die Eifersucht nicht so skrupulös ist, zwischen einem möglichen und einem unmöglichen Rivalen zu unterscheiden, solange es sich um eine Person von Adel handelt. Mit anderen Worten, der Vater hält seinen Sohn für standesbefangen genug, daß selbst eine so lächerliche Figur wie der

---

[10] Binder, *S.—Kabale*, S. 261.

Hofmarschall in den Augen Ferdinands die bürgerliche Luise bestechen könnte. Und beide haben recht, nur wissen sie nicht warum und können daher auch das volle Maß der Zerstörung nicht ermessen, das ihr Gran Hefe bewirkt.

Die Zerstörung beginnt schnell, was nicht unerwartet kommt, wenn man sich an Ferdinands schon mehr als latente Eifersucht im ersten Akt erinnert. In der vierten Szene des dritten Aktes—also noch vor dem Brief und ohne den Brief—zeigt der Jüngling sein Potential, wenn nicht gar den Urgrund seines Wesens. Scheint es in den beiden ersten Akten seine Absicht gewesen zu sein, die lebensnotwendige Erfüllung seiner Wünsche der Umwelt an Ort und Stelle abzutrotzen, so denkt er nach dem Pyrrhussieg über den Vater anders. Jetzt will er fliehen. Dabei hat er keinen Plan, zieht weder Möglichkeiten noch Unmöglichkeiten in Erwägung und sagt nicht, was er zu tun vorhat, oder was ihm zuwider ist. Könnte er, wie ein Jahrhundert später Rexin in *Irrungen Wirrungen*, sich zum Bewußtsein bringen, daß er nicht das Zeug dazu hat, in Texas Cowboy oder Kellner auf einem Mississippi-Dampfer zu werden,[11] dann möchte er vielleicht Verständnis für Luise entwickeln. Könnte er andererseits, wie Lady Milford es später für sich selbst tut, in voller Erkenntnis der vor ihm liegenden Schwierigkeiten einen Plan entwickeln, der seine und Luises Würde rettet, dann müßte er entweder Luise davon überzeugen, daß sein Herz nicht seinem Stande gehört, oder aus ihrer Reaktion lernen, daß er etwas für sie Unmögliches verlangt. Jede Konkretisierung betreffs einer Mesalliance würde irgendeine Klärung mit sich bringen. Wie es jedoch ist, läßt er es bei einer Chimäre bewenden und macht obendrein noch das schon früher erwähnte Verbrechen, den Diebstahl am Vater, zur Grundlage dieser Chimäre.

---

[11] Von 1770 bis 1890 hat sich manches geändert, vieles Wichtige aber auch nicht. Ein weit verbreitetes Buch aus Schillers Zeit weiß: "'Gleichwohl hat die Mesalliance die entsetzlichen Folgen, daß man der allgemeinen Verachtung der Adeligen und Bürgerlichen und besonders der Verwandten, nicht anders als durch das entgehen kann, was sonst ein wirkliches Unglück ist, durch die allerweiteste Entfernung.'" Johann Timotheus Hermes, *Sophiens Reise von Memel nach Sachsen*, Ausgewählte Teile aus der Erstausgabe von 1770-72, hrsg. Fritz Brüggemann (Darmstadt, 1967) S. 99.

Diese Szene, die die Mitte des Dramas ausmacht und nach Ferdinands verantwortungslosem Phantasieren über ein gemeinsames Entlaufen seinen Argwohn auf die Spitze treibt, enthält übrigens in der Einladung zur Flucht das Wort "wir" häufiger als das ganze übrige Stück, und zwar sechsmal. Der Nominativ des persönlichen Fürwortes in der ersten Person Plural erscheint sonst nur noch dreimal an einer Stelle, und zwar eingebettet in den beißendsten Sarkasmus (V, 7); auch Dativ und Akkusativ sind selten. Im Sinne einer verbindenden Gemeinsamkeit sagt also eigentlich nur der Träumer "wir," wenn er sich und Luise ein ästhetisch-unverbindliches Dasein[12] vorgaukelt.

Luise zögert und zweifelt nicht. Ganz natürlich und richtig lehnt sie den Vorschlag zur Flucht ab, denn sie weiß, sie hat Pflichten, und sein Herz gehört seinem Stande. Weder sie noch er eignen sich für ein ruheloses Zigeunerleben. Also rettet sie ihn und sich, indem sie nein sagt. Aber ihre Überlegungen und ihr Nein bedeuten Ferdinand nicht Verstand, Ordnungssinn und Liebe, sondern unerwünschte Selbständigkeit, ja Widersetzlichkeit. Sie läßt ihn fallen, verwirft ihn, und da übermannt ihn die Verzweiflung. Der so schwer verständliche Ausbruch "Schlange, du lügst," und so weiter, gewinnt Sinn, wenn man ihn nicht als gewöhnlichen Verdacht oder als Angst vor der Zurücksetzung um eines Nebenbuhlers willen betrachtet, sondern als Aufschrei eines am Abgrund Taumelnden, der seinen Halt verliert.

Im vierten Akt empfängt die Flamme der Eifersucht den überreichen Brennstoff des erzwungenen Briefes. Ferdinand kennt Luises Handschrift und findet seinen früheren Verdacht bestätigt. Aufgeregt und kopflos mißversteht er fortgesetzt den Hofmarschall (IV, 2 und 3), und seine Züge entwickeln *"einen schrecklichen Gedanken,"* wie es in der Bühnenanweisung zum vierten Auftritt heißt. Der Gedanke ist der des Doppelmordes, noch nicht genau formuliert, noch vage, aber motiviert durch die ganze Persönlichkeit Ferdinands, wie wir ihn kennengelernt haben. Adolf Becks Kommentar zu dieser Monologszene erscheint wertvoll genug, um hier ungekürzt wiedergegeben zu werden:

> Die verblendete Logik dieses Monologs ist ungeheuerlich, fast erschreckender noch als diejenige Karl Moors in der Katastrophenszene. Mit Luisens Untreue fühlt Ferdinand eine Welt, seine Welt zusammenstürzen—doch aus dem

---

[12] Binder, *S.—Kabale,* S. 261.

Abgrund, in den es ihn reißt, greift er vernichtend empor nach ihr: "Wenn ich verloren bin, bist du es auch!" Die prätendierte Unbedingtheit seiner Liebe wird zum Amoklauf. Doch in dem Augenblicke, da sich ihre innere Brüchigkeit offenbart, pocht er auf sie vor einer höheren Instanz. Die Geliebte hat ihm seine Forderung, nur ihm zu gehören, nicht eingelöst: nun präsentiert er die Rechnung dem Schöpfer selbst. "Das Mädchen ist mein": immer wieder klingt dieser schauerliche Satz auf, der die freie Person zur Sache entwürdigt. Der dialektische Umschlag ist radikal. "Du brauchst keinen Engel mehr": so hat Ferdinand der Geliebten vor kurzem versichert. Ihr Schöpfer und Vollender, ihr Gott wollte er sein. Er gedenkt jetzt dessen selbst im Affekt und doch vollkommen klar und sagt dennoch, oder gerade darum: "Ich einst ihr Gott, jetzt ihr Teufel!" Schärfer als mit der antithetischen Nennung der beiden Extreme des Geisterreiches läßt sich nicht bezeichnen, was Ferdinand in seiner maßlosen Bitterkeit verfehlt, im Grund aber wohl seit je verfehlt hat: die schöne, gelassene, ruhende Mitte der eigentlichen Menschlichkeit, die Bescheidung in den "Grenzen der Menschheit," aus der das Lebensgesetz des anderen ehrbar wird, auch wo sein Verhalten nicht verstehbar ist.[13]

Man muß Beck in allem beipflichten, aber auch über ihn hinausgehen. Denn er untersucht nicht, woher Ferdinands sturer ichbefangener Subjektivismus stammt, warum der Liebhaber auf Luises Besitz besteht, hier oder drüben, als ihr Gott oder als ihr Teufel. Dabei erwähnt der Monolog ganz leicht verschlüsselt den Grund. "Ich trat dir die ganze Welt für das Mädchen ab," sagt der verzweifelte junge Mann; "habe Verzicht getan auf deine herrliche Schöpfung." Nun, wir wissen, mit welcher Velleität er Verzicht getan hat. Wir erinnern uns an die Kluft zwischen Wort und Tat, die so oft vor uns sichtbar wurde. Seiner Welt, wenn nicht der ganzen Welt gegenüber "scheint ihm die natürliche, sinnlich wahrnehmende Überlegenheit zu fehlen, mit der das Einzelwesen auf die Welt der Erscheinungen blickt." Die Domination Luises ist der Ersatz für die fehlende Überlegenheit, darum muß sie, so oder so, sein bleiben. Das obige Zitat ist aus Thomas Manns "Tobias Mindernickel."

Der auf den Monolog folgende Auftritt, der denen, die "keinen Lebenszusammenhang, sondern nur dramatische Funktion" in dem Verhältnis von Vater und Sohn erkennen,[14] merkwürdig vorkommt, unterstützt eine simple psychologische Interpretation. Es ist durchaus nicht

---

[13] Beck, "Die Krisis," S. 146.

[14] Gerhard Storz, *Der Dichter Friedrich Schiller*, Dritte, um einen Anhang erweiterte Auflage (Stuttgart, 1963), S. 103.

erstaunlich, "wie rasch der Jüngling dem Präsidenten die Rolle des zärtlichen, liebevollen Vaters glaubt, sobald dieser sie nur gewandt zu spielen beginnt."[15] Vielmehr ist es normal, denn das Verhältnis zum Vater gilt Ferdinand als Korrelat zum Verhältnis zu Luise. Wie dieses sich bei stärkster Bindung in eine Gegnerschaft verwandelt— man spricht von Haßliebe oder gar Haß—, wird jenes eines der wärmsten Vaterverehrung, obwohl an ein Einfügen in die korrupte Vaterwelt nicht zu denken ist. Noch ehe der Präsident mehr getan hat, als seinem Sohn eine angenehme Überraschung anzukündigen, fällt Ferdinand vor ihm nieder und küßt seine Hand. Und gleich klagt er sich auch des Undanks und des Unverstandes an, während er mit seinem "Jetzt ist's zu spät" zu erkennen gibt, daß er seine Liebe so wenig einem anderen Mädchen zuwenden kann, als es Tobias möglich ist, sich einen neuen Hund zu kaufen. Die Heuchelei des Vaters sammelt glühende Kohlen auf sein Haupt, rechtfertigt aber gleichzeitig seine frühere Wahl. Auf die Frage, ob es denn nicht menschlich ist, dieses Mädchen zu lieben, antwortet der Präsident mit vorgetäuschter Begeisterung für seine bürgerliche Schwiegertochter *in spe* und setzt damit das Pünktchen auf das "i" eines düsteren Entschlusses.

Die Auflösung des Knotens im fünften Akt harmoniert mit dem, was voraufgeht. Ferdinand kommt mit dem Brief zu Millers, um sich der Tatsachen zu vergewissern. In seiner Tasche ruht schon das Gift. Er glaubt zu lieben, und er leidet wirklich. Luise kann ihm jedoch nicht helfen, woraufhin er mit der Bestellung der Limonade den gemeinsamen Tod vorbereitet, der ihm gleich nach dem Fund des Briefes als einzige Antwort auf Luises Unabhängigkeit eingefallen ist. Noch einmal zögert er, und zwar in dem Monolog der vierten Szene. Nicht, daß er glaubt, Luise habe den Tod nicht verdient. Es handelt sich vielmehr um den armen Vater, dem die einzige Tochter geraubt wird. Diesen Gedanken verscheucht aber der Parallelgedanke, daß auch *sein* Vater den einzigen Sohn verliert. Wieder zeigt sich also der "Lebenszusammenhang" im Verhältnis der beiden Walter. Nach einer Pause sind dann Mord und Selbstmord als gute Tat beschlossene Sache.

Gift hat den Vorteil für ein Drama, daß es nicht unmittelbar zu wirken braucht und daher dem Opfer Gelegenheit gibt, noch allerlei zu sagen.

---

[15] Von Wiese, *Schiller*, S. 206.

Das ist sehr wichtig für *Kabale und Liebe,* denn Luise darf erst reden, wenn sie weiß, daß sie stirbt. Man kann aber auch langsam verbluten, oder Ferdinand könnte die Wahrheit über Luise auf eine andere Weise erfahren. Schiller hat also das Gift mit Absicht gewählt, und das ist insofern erwähnenswert, als in den *Räubern* und im *Fiesco* nur Franz Moor, Spiegelberg und Julia Imperiali Gift benutzen oder in Betracht ziehen. Allzu männlich und charakterstark kann dem Dichter demnach der Anti-Held seiner dritten Tragödie nicht vorgekommen sein.

Mit dem Wissen um ihren Tod fühlt Luise sich des Eides entbunden, und Ferdinand erfährt, daß er das Opfer einer Kabale ist, daß er sich und Luise umsonst umgebracht hat. Sie, die noch soeben, eine "Metze" war, wird jetzt wieder ein "Engel," und der Vater, der noch soeben einen Sohn verlor, der weiseste und gütigste aller Väter, wird zum "Mörder und Mördervater." "Entspringe mir nicht, Engel des Himmels!" ruft er der schon toten Luise zu, deren Ausdruck von "Sanftmut" ihm zur Garantie ihres eigentlichen Wesens wird. Dann erscheint der Präsident. Ferdinand erklärt sich selbst für unschuldig und schiebt die Hauptverantwortung für das Geschehene auf den Vater. Dabei spricht er das bemerkenswerte Wort von der *zürnenden* Liebe [Hervorhebung meine], die der Präsident nicht habe zum Gehorsam zwingen können. Wir verstehen das Adjektiv sofort: da ihrer Herrschsucht nicht genügt wurde, ja auch nicht werden konnte, zürnt die Liebe. Die Kabale der Höflinge ist tödlich, weil sie sowohl Luise als auch Ferdinand zwingt, sich ganz zu enthüllen, jene in ihrer ganzen Charakterfestigkeit, diesen in seiner ganzen, nur durch ein Verbrechen auszugleichenden Ohnmacht.

Gegen Ende des Dramas verbinden sich in dem verscheidenden Ferdinand die beiden Figuren, die ihm zum Schicksal wurden. Während er auf gut väterliche Manier dem Präsidenten den schwarzen Peter der Schuld zuspielt und dieser ihn an Wurm weitergibt, so daß die Drohungen des zweiten Aktes Wirklichkeit werden, erscheinen ihm Vater und Braut wie die zwei Seiten einer Medaille. Vor Gott soll der ältere Walter Luise sehen und zerknirscht dastehen. Er, Ferdinand, hat mit den gräßlichen Ereignissen nichts zu tun; auf Luises Gesicht ist "mit Verzerrungen" der Name des Präsidenten geschrieben.[16] Danach

---

[16] Hierzu bemerkt Ludwig Bellermann: "Die Worte geben von Luisens Anblick im Tode ein Bild, das der Schilderung in der vorigen Szene widerspricht: 'Wie

verschmelzen im Geiste des schon fast Toten drei Leitmotive seines Lebens: das Geld, von dem er sich nie hat trennen können, die Sucht nach einer sanften Luise ("Luise—Ich komme") und die Versöhnung mit dem Vater, worin sich sein natürliches Gefühl mit Luises christlichem Beispiel trifft. Endlich ist Bruder Ärgerlich seinem Dilemma entronnen.

---

reizend und schön auch im Leichnam! Der gerührte Würger ging schonend über diese freundlichen Wangen hin. Diese Sanftmut ist keine Larve, sie hat auch dem Tode standgehalten.' Es wäre ohne Zweifel schöner, wenn in unserer Szene die obigen, durchaus entbehrlichen Worte fehlten." *Schillers Dramen*, Erster Teil, 5. unveränderte Aufl. (Berlin, 1919) S. 221. Das heißt den Dichter verbessern, anstatt ihn zu erklären. Die Worte erfüllen den Zweck der Selbstentschuldigung und der Anklage des Vaters.

IV. CARLOS UND POSA—DIE VERTAUSCHTEN TODE

VON DER *Braut von Messina* abgesehen, die "das Wirkliche ganz verläßt und rein ideell wird,"[1] ist *Don Carlos* Schillers einziges Trauerspiel,
das nicht nur einen, sondern gleich zwei jugendliche Helden idea-
lischer Prägung als Handlungsträger bietet. Zwar verlor der Dichter
im Laufe seiner Arbeit das Interesse an dem einen, nämlich an der
Titelfigur—wohl weil sie der Anlage nach einen guten Teil des Ferdinand
zu wiederholen drohte[2]—während seine Begeisterung für den anderen,
den Marquis Posa, wuchs; im fertigen Drama aber stehen die beiden
jungen Männer gleichwertig nebeneinander.[3] Am Carlos erlebt der
Zuschauer das Schicksal der allzu persönlichen, und am Marquis das
der allzu überpersönlichen Orientierung. "Zum Ideal im Posaschen Sinne
war Carlos noch nicht reif; zur Freundschaft, wie sie Carlos treu und
innig fühlt, fehlte wiederum Posa die vorbehaltlose persönliche Hin-

---

[1] "Über den Gebrauch des Chors in der Tragödie," Friedrich Schiller, *Sämtliche
Werke* 2. Aufl. (München, 1960), II, 818. Hiernach zitiert als *Werke*.

[2] Ursprünglich reizte ihn "das Schicksal eines edlen Liebespaares in der Welt
des Absolutismus, genau wie er solches in 'Kabale und Liebe' erfunden hatte,"
wie Reinhard Buchwald sagt. Vgl. dessen *Schiller* 4. neu bearb. Aufl. (Wiesbaden
1959), S. 426. Später hingegen war Carlos, wie der Dichter erklärt, "in meiner Gunst
gefallen, vielleicht aus keinem andern Grunde, als weil ich ihm in Jahren zu weit vor-
ausgesprungen war . . ." "Briefe über Don Carlos," *Werke*, II, 226.

[3] Dies ist nicht die übliche Ansicht über *Don Carlos*. Viele Forscher, wie zum
Beipiel E. L. Stahl, erkennen nur das politische Drama an und messen daher nur
Posa Wichtigkeit bei; andere, wie Fritz Backof, finden eine tragische Möglichkeit
nur in Carlos' Entwicklung. Gerhard Fricke unterstreicht ebenfalls die Wandlung
des Titelhelden, hält sie aber nicht für tragisch. Wieder andere, darunter Robert
Petsch, erachten Carlos als zu unfrei für einen tragischen Helden oder sehen, wie
Gerhard Storz es tut, Tragik nur in Philipp. Vgl. E. L. Stahl, *Schiller's Drama* (Ox-
ford, 1954), S. 34; Fritz Backof, *Schillers "Don Carlos" und das Problem der Leiden-
schaft* (Diss. Erlangen, 1925), S. 11; Gerhard Fricke, *Vollendung und Aufbruch*
(Berlin, 1943) S. 395: Robert Petsch, *Freiheit und Notwendigkeit in Schillers Dramen*
(München, 1905), S. 88; Gerhard Storz, *Der Dichter Friedrich Schiller* 3. erweiterte
Aufl. (Stuttgart, 1963) S. 143.

gabe," sagt Benno von Wiese[4] und kommt damit dem Kern der Sache sehr nahe. Nur handelt es sich nicht um ein "noch nicht reif" sein, und die Tragik Posas liegt auch nicht darin, wie der Forscher im selben Absatz sagt, "daß er [Posa], der als Kamerad und Verschworener der Idee solidarische Treue bis in den Tod hält, als Freund und Einzelwesen gesucht und ersehnt wird."[5] Vielmehr zeigt sich eine ungeheure, ja tragische Ironie in der unlösbaren Verknüpfung der zwei Figuren, die beider Wesenheit ad absurdum führt: Posa setzt sein Menschheitsideal hintan und opfert sich für einen Einzelnen, der für ihn ganz mit dem Ideal verquickt ist. Carlos gibt am Ende seine auf das Individuum ausgerichtete Persönlichkeit auf, um sie bis zum Extrem zu bewahren und stirbt aus Freundestreue als asketischer Freiheitskämpfer. Beim letzten Versuch der beiden, ihren Typus zum Äußersten zu steigern, wird also das Absolute ihrer Haltung fragwürdig. Ihr prädestinierter Tod korrigiert ihr Leben, während er es bestätigt. Um diese Doppeldeutigkeit als Bewegung und Gegenbewegung und deren Anteil an der Einheit des Dramas aufzuzeigen, muß man Carlos und Posa durch das Labyrinth eines Bühnenwerks folgen, das, "fast könnte man sagen, als religiöses Tendenzstück konzipiert, als Familiendrama mit politischen Einschlägen entworfen, [und] als historische Tragödie durchgeführt worden" ist.[6]

Es läge nahe, erst Carlos und dann Posa Szene für Szene nachzuspüren. Damit würde man aber weder die "vorbehaltlose persönliche Hingabe" des ersten noch die vorbehaltlose Hingabe an eine Idee des zweiten zufriedenstellend beleuchten. Carlos, den Sucher des Einzelmenschen, entdeckt man am ehesten, indem man ihn in seinen Beziehungen studiert, ihn und Elisabeth, ihn und Philipp und schließlich

---

[4] Benno von Wiese, *Die deutsche Tragödie von Lessing bis Hebbel*, 3. Aufl. (Hamburg, 1953), S. 203.

[5] *Ibid.* Auch die spätere Formulierung v. Wieses trifft nicht recht ins Schwarze: "Das Tragische in dem Vorgang zwischen den beiden liegt darin, daß jeder auf eine Art das Gelübde der Freundschaft nicht verletzt hat und dennoch das Verhängnis sich nicht bannen ließ." Benno von Wiese, *Friedrich Schiller* 3. durchgesehene Aufl. (Stuttgart, 1963), S. 271. Wenn von Wiese sich mit dem "Verhängnis" auf den Großinquisitor und nicht auf das Mißverständnis der beiden Freunde bezöge, möchte man mit ihm übereinstimmen.

[6] Petsch, *Freiheit*, S. 86.

ihn und Posa. Nicht umsonst ist er der erste und einer der wenigen der schillerschen Helden, ohne Monolog. Und Posa, der Unpersönliche, enthüllt sich ebenfalls besser, soweit man ihn nicht schon durch Carlos kennenlernt, wenn man sein scheinbar zwielichtiges Verhältnis zu Philipp mit dem scheinbar eindeutigen zu Carlos vergleicht und den späteren Marquis gegen den früheren hält. Eine gesonderte Betrachtung der beiden Tode ist zur Vervollständigung der Untersuchung notwendig, da nur Posas Tod früh genug eintritt, um als Resultat einer Peripetie jene weitere Peripetie auszulösen, die dem Drama erst seine eigentliche Form gibt. Außerdem gilt es auch, die Vorbestimmung des Ausgangs darzutun, die heute weniger wie eine "verstimmend künstliche Konstruktion"[7] anmutet, als etwa 1930.

CARLOS UND ELISABETH

Carlos liebt seine Stiefmutter mit der Liebe der Verzweiflung, denn er hat seine unglückliche Zuneigung zum Symbol seines Daseins gemacht. Nicht nur ist seine einstige Braut jetzt Frau und Mutter, sie gehört obendrein noch dem eigenen Vater an, der die Inkarnation der Hemmung, Erniedrigung und Strafe ist. Im Prinzen mischen sich Schuldgefühl und Frustration—man darf, mit Vorbehalt, an Ödipus denken— und Mißmut und Unwillen ist ihr Ausdruck. "Trotz ist es / Und Bitterkeit und Stolz, was Ihre Wünsche / So heftig nach der Mutter zieht," sagt Elisabeth und enthüllt damit, wie sie es später auch bei Posa tut, einen beachtlichen Teil der Wahrheit, wenn auch nicht die ganze. Aber solche Worte fruchten verständlicherweise nicht. Als Thronfolger kommt Carlos nicht zu seinem Recht. Um seine Braut wurde er von seinem leiblichen Vater betrogen, so daß eine gewaltsame Korrektur des Schicksals unanständig aussehen würde.[8] Die Umstände verurteilen ihn also in jeder Hinsicht zu einer Ohnmacht, die durch das Mißtrauen Philipps noch verschlimmert wird. Als Resultat hat er seine früheren Ideale von Freiheit und Menschlichkeit aufgegeben; an Händen und

---

[7] Fricke, *Vollendung*, S. 395.

[8] In *Das Drama Friedrich Schillers* (Frankfurt, 1938), S. 99: "Er [Carlos] leidet in Wahrheit aber nicht an unglücklicher Liebe," sagt Gerhard Storz, "sondern an schlechtem Gewissen."

Füßen gebunden, seelisch zweidimensional gepreßt, kann er nur an die Befreiung des Selbst von einem odiosen Zwang denken, eine Befreiung, zu deren Brennpunkt eben Elisabeth geworden ist.

Trotz ihres Klärungsversuchs hilft Elisabeth ihm nicht, und zwar deshalb nicht, weil sie nicht lügen, keine Liebe zu Philipp heucheln kann. Hat schon Domingo das Interesse der Königin an Carlos aus Hinterlist in einer Weise dargestellt, die die Liebe des jungen Mannes nährt, so läßt sie selber durchblicken, daß sie ihr Sinnenglück nur um des Seelenfriedens willen aufgegeben und sich in etwas Unabwendbares gefunden hat. Für sie liegt zu viel Asche über der Glut von einst; Carlos aber versteht, daß unter der Asche die Glut noch schwelt. Da bleibt der Königin nichts übrig, als auch in Carlos alte Glut zu suchen, das schwache Feuer ehemaliger Ideale. Jedoch wie sie die Intensitäten des Prinzen von sich auf Spanien lenken will, bekommt sie eine seltsame Antwort: "Ja, alles, / Was Sie verlangen, will ich tun."—Aus Liebe, aus hoffnungsloser aber nicht ganz unerwiderter Liebe, erklärt Carlos sich bereit, dem Liebesglück zu entsagen. Wenn er später den Brief von der Königin bekommt, worin sie ihn zu nichts weiter anhält, als nur sich auf eine wichtige Entschließung vorzubereiten, ist seine Orientierung noch schärfer definiert: "Seis auch, was es sei, / Wenn *du* es mir gebietest, ich gehorche."—Vom Ideal ist da kein Funke mehr. Und käme es jemals zu einer weltbeglückenden Tat, so täte Carlos sie nur für ein Einzelwesen, nicht für ein Kollektiv oder ein Abstraktum.

Nur zwei große Szenen haben die beiden zusammen, eine am Anfang und eine am Ende des Dramas. Dazwischen reden sie übereinander zu Dritten, ändern aber nichts an den Grundlagen ihrer ursprünglichen Haltung. Erst im letzten Auftritt des letzten Aktes kommt es zu einer Wendung.

Bei dieser, der zweiten Begegnung ist Posa schon tot. Elisabeth übergibt Carlos das Vermächtnis des Marquis mit den Worten, die die Zweideutigkeit des Posaschen Opfers unterstreichen:

> Er hat sich geopfert
> Für *Sie* ! Mit seinem teuern Leben
> Hat er das Ihrige erkauft—Und dieses Blut
> Wär einem Hirngespinst geflossen?—Carlos !

Man erkennt: als Vollstreckerin seines letzten Willens ist sie ganz an seine Stelle getreten. In diesem Sinne bietet sie auch jetzt Carlos ihre

Liebe an. Sie ist Teil der Posaschen Hinterlassenschaft. Posa hat Philipp so absolut aufgegeben, daß er den Akt persönlicher Rebellion gegen den Vater und Gatten ebensowohl gutgeheißen hat wie den unpersönlich politischen gegen den König. Da will sie "kühn sein wie ein Freund" und ihrem Herzen folgen.[9] Carlos schlägt aber das Liebesangebot aus. Elisabeth ist nicht Posa. Hieran müssen wir uns später bei der Prüfung des Todes erinnern, denn die Zurückweisung der einen Hälfte des Vermächtnisses hängt zusammen mit der Hinnahme der anderen Hälfte. Was die zwei ehemaligen Verlobten betrifft, genügt es jedoch, festzustellen, daß Elisabeth um desselben Freundes willen Carlos's alten Wunsch zu erfüllen in der Lage ist, dessen Opfertod den Prinzen über eben diesen Wunsch und alle anderen irdischen Wünsche erhebt. Wir verlassen ihn und seine nun als solche anerkannte Stiefmutter mit dem Bewußtsein, daß nichts Überpersönliches je ihre Beziehung gefärbt hat, denn nicht die Liebe zu einem Ideal ist es, die Carlos auf Elisabeth verzichten läßt, sondern die Erinnerung an Posa. Die "Liebe zu einem wirklichen Gegenstande"[10] wird erst einmal von der Liebe zu einem anderen, durch den Tod wichtiger gewordenen Gegenstand verdrängt. Diese erfährt dann am Schluß, und zwar beinahe gleichzeitig mit Carlos' Entsagung, eine Transformation, doch das gehört logisch in die Ausführungen über die beiden Tode.

CARLOS UND PHILIPP

Nach seiner ersten Unterredung mit Elisabeth, angefeuert durch sie und gekräftigt durch Posas Freundschaftsversicherungen, macht Carlos sich auf zur Audienz bei dem König. Sein Ziel ist, das Ideal zu verwirklichen, um seine Liebe zu beweisen, das heißt in der Praxis, als Heerführer der für Brabant bestimmten Truppen den Herzog Alba zu ersetzen. Wie er über Philipp denkt, wissen wir:

> Sprich mir von allen Schrecken des Gewissens,
> Von meinem Vater sprich mir nicht.

---

[9] Das ist, nach Backof, "ethisch der tiefste Punkt ihres Lebens," *Schillers "Don Carlos,"* S. 51. Backof zieht damit Konsequenzen aus dem "Läuterungsprozeß" des Carlos, die anderen wohl zu gewagt waren. Dennoch stellt gerade seine extreme Position den ganzen Weg des Prinzen als "Läuterung" in Frage.

[10] *Werke,* II, 259.

Diese "geflügelten Worte" ziehen das Fazit eines dreiundzwanzig Jahre alten traurigen Verhältnisses zwischen Vater und Sohn. Darum sollte Carlos eigentlich eher vor den König als vor den Vater treten. Er sollte objektiv und staatsklug argumentieren. Er sollte den Ton des von Philipp augenscheinlich geschätzten Prinzen von Parma anschlagen (vgl. III, 7). Aber nein, nur das Persönliche liegt ihm. Jeder seiner Gedanken kehrt zurück von einer Idee zu einem Individuum.

Der Prinz kommt als "Sohn des Hauses," nicht als "Abgeordneter der ganzen Menschheit." Da Leute wie Alba und Domingo ihn aus des "Königs Gunst vertrieben" haben, will er "mächtig reißen an dem Vaterherzen." Seiner Bitte um den Gouverneursposten schickt er voraus, daß in einem Familienunternehmen wie dem spanischen Weltreich die Mietlinge nicht recht das Interesse des Hauses wahren. Außerdem eignet sich die Flandern-Mission "Ihren Sohn im Tempel / Des Ruhmes einzuführen!" Und nur zwischendurch erwähnt Carlos, daß durch ihn ein großes Blutvergießen zu verhindern wäre, um gleich wieder auf das Privatproblem des verstoßenen Kindes zurückzukommen: "Beschämen Sie mich nicht! . . . Zum Pfande, / Daß Sie mich ehren wollen, schicken Sie / Mich mit dem Heer nach Flandern!" Der König reagiert sowohl in seiner Eigenschaft als König wie auch in der als Vater. Der Vater traut dem Sohn nicht, hält Carlos' überschwengliche Gefühle für Mache und hat, wie das bei Tyrannen nicht selten vorkommt, Angst vor dem legitimen Nachfolger. Der König aber weist auf Carlos' Unerfahrenheit hin und denkt außerdem sowenig wie sonst jemand in leitender Stellung daran, einem Andersgesinnten ein Kommando zu übergeben. In ohnmächtiger Wut akzeptiert der Prinz den negativen Bescheid als das Ende der Beziehung.

Doch bleiben die Dinge bis zu Posas Tod recht unverändert. Hat der Sohn auch umsonst mit dem Vater gerungen, der alle Schrecken des Gewissens übertrifft, so will er dennoch später, wenn Posa ihm von seiner großen Freundschaftstat erzählt, zu Philipp gehen und mit der Wahrheit den Despoten rühren.

> Er wird—er kann nicht widersteh'n! So vieler
> Erhabenheit nicht widersteh'n!—Ich will
> Dich zu ihm führen. Arm in Arme wollen
> Wir zu ihm gehen. Vater, will ich sagen,
> Das hat ein Freund für einen Freund getan.

> Es wird ihn rühren. Glaube mir, er ist
> Nicht ohne Menschlichkeit, mein Vater. Ja!
> Gewiß, es wird ihn rühren. Seine Augen werden
> Von warmen Tränen übergehn, und dir,
> Und mir wird er verzeihen.

Aber ach, Philipp ist kein Dionys aus der "Bürgschaft." Man schüttelt den Kopf über dieses durch nichts gerechtfertigte Vertrauen in die Menschlichkeit des Königs, will sagen, durch nichts als durch den Charakter des Carlos, dessen Sucht nach Seelengemeinschaft keinen Raum für kritisches Denken läßt.[11] Es bedarf einer drastischeren Maßnahme als aller früheren, dem naiv sympathiesuchenden Prinzen die Augen zu öffnen. Diese trifft Philipp sehr schnell, denn kaum hat Carlos die vorzitierten Worte gesprochen, da fällt auch schon der Schuß, dem Posa erliegt.

Psychologisch unwahrscheinlich, aber recht bühnenwirksam erscheint dann auch sogleich der König, und bei der Leiche des Freundes findet die zweite und letzte Unterhaltung zwischen Philipp und Carlos statt. Auch jetzt ist alles auf konkrete Einzelbeziehungen abgestimmt. Es fällt kein Wort von Tyrannentum oder Idealen. Weder der Vater noch der König wird apostrophiert, nur an den Mörder richten sich die Anklagen und Schmähungen des Prinzen. Einmal glaubt man, es wäre nun bald von den Menschheitsvisionen des Verstorbenen die Rede, nämlich wo Carlos sagt: "Nein, er weiß es nicht, / Weiß nicht, daß er ein Leben hat gestohlen / Aus dieser Welt, das wichtiger und edler / Und teurer war als er mit seinem ganzen Jahrhundert." Es stellt sich aber geschwind heraus, daß nicht die Liebe zur Menschheit, sondern die Freundschaft für Carlos den Toten edler als den König macht. Philipp war Carlos' Rivale um diese Freundschaft und doch unfähig, das "Gaukelspiel" des Marquis zu durchschauen; er war also der Freundschaft unwürdig. Der Prinz schwelgt in der Erinnerung an den, der für ihn, nur für ihn gestorben ist. Wofür hätte er auch sonst gestorben sein können? Carlos bietet keine Alternative, aber implizite müßte es Philipp sein, den Posa "Mit allen Kronen" verstoßen hat, der "nichts für Sie [Philipp]" war. Vergebens sucht man nach der

---

[11] Ähnlich geht es ihm ja auch mit der Eboli, an deren Güte er sich wendet, nachdem er sie tödlich beleidigt hat.

bescheidensten Anspielung auf die Reichweite Posaschen Denkens und den Einfluß seines Todes auf den Lauf der Welt. Ein Freund hat sich für einen Freund hingegeben, das ist das A und O der prinzlichen Gefühle. Diese Idee ist aber auch schon Teil der Beziehung der beiden jungen Männer zueinander, die nun zu behandeln ist.

CARLOS UND POSA

Carlos und Posa, das ist heißes Werben und kühle Berechnung, königliche Unterwürfigkeit und untertänigste Hoheit, vor allem aber ist es Freundschaft als Selbstzweck und Freundschaft als Mittel.

Schon der Knabe Carlos hat um Posas Liebe gebettelt, jedoch ziemlich erfolglos, wie die Vorfabel weiß. Nur einmal hat der junge Marquis seinen Stolz überwunden und dem für ihn blutenden Prinzen einen Gegendienst in unbestimmter Zukunft versprochen. Diesen scheint der am Anfang des Dramas heimgekehrte Posa leisten zu wollen, und zwar in der Form von "aufgeklärter Beratung,"[12] denn er ist Idealist und denkt an die Menschheit. Seine einstige—und jetzige—Indifferenz einzelnen Menschen gegenüber ist damit erklärt und auch der Charakterunterschied zwischen den beiden Jünglingen, der die Grundlage ihrer Verbundenheit bis zum Ende bleibt.

Fünf Auseinandersetzungen gönnt Schiller den beiden jugendlichen Helden miteinander. In der ersten (I, 2) schüttet Carlos sein Herz aus, während Posa überlegt, wie er, mit Hilfe der Königin, die unerwartete Situation seinen höheren Zwecken nutzbar machen kann. In den nächsten Szenen (I, 7 und I, 9) verfolgt Carlos den Freund bis zur Peinlichkeit. Sein eben durch Elisabeth entstandener Entschluß, sich für Flandern einzusetzen, hängt geradezu von Posas Gewilltheit ab, Carlos' Gefühle zu erwidern. Zögernd macht Posa seine Zugeständnisse, einschließlich dem der informellen Anrede, die allein dem Prinzen den Mut gibt, bei seinem Vater vorstellig zu werden. Die übrigen drei Dialoge zeigen dann erst Posas Willkür neben Carlos' Gefügigkeit und schließlich Posas Wandlung und Carlos' Triumph. Aber die betreffenden

---

[12] "Enlightened tutelage," ein Ausdruck, den A. v. Gronicka benutzt. "Friedrich Schiller's Marquis Posa," *Germanic Review* 26 (1951), 201.

Szenen (II, 15, IV, 5, und V, 1/3) lassen sich nicht so leicht abtun wie die ersten beiden, sondern brauchen weitere Erläuterung.

Im fünfzehnten Auftritt des zweiten Aktes wartet Posa ungeduldig auf das Ergebnis der Zwiesprache, um derentwillen er sich duzen läßt, Carlos hat aber keinerlei Erfolg zu berichten. Im Gegenteil, nicht nur hat Philipp seinen Sohn abschlägig beschieden, nein, dieser hat auch noch von der Eboli einen Brief ergattert, der ihm neue Hoffnungen auf eine Übereinkunft mit Elisabeth macht. Das darf nicht sein. Der "Weltkreis," der in dem "weiten Busen" des Prinzen "Raum" hatte, darf nicht "von *einer* Leidenschaft" verschlungen werden. Drum vernichtet der Idealist den Brief kurzerhand. Und der Infant, wie immer der Unterlegene, fügt sich: "Alles, alles, / Was *du* und hohe Tugend mir gebieten." Das *"du"* is nach wie vor wichtiger als die "hohe Tugend."

Der Vorrang der Person vor der Idee bei Carlos bestimmt auch den Ton des nächsten großen Auftritts (IV, 5), der vorzüglich dem Posaschen Leben angehört. Das aber ist gerade für Carlos der springende Punkt: daß der Freund ein Eigenleben führt, an dem er nicht teilhat. Posa war beim König, redet aber kaum über diese wichtige Begebenheit.[13] Er ist "Erstaunlich sicher," enthüllt sich aber nicht. Und nicht genug, daß er mysteriös bleibt, er verlangt obendrein noch völliges Vertrauen von dem im Dunkel gehaltenen Infanten. Carlos gibt sich auch ganz in seine Hände, wirbt aber damit wieder um Posa, diesmal in Konkurrenz mit Philipp, der solches Vertrauens nicht fähig ist.[14]

Das Geheimnis Posas scheint gelüftet, wenn Lerma (IV, 13) erzählt, daß Posa dem König das Portefeuille des Prinzen gegeben hat. Der

---

[13] Ilse Appelbaum-Graham nennt die Audienzszene zwischen Posa und Philipp das "centre piece" des Dramas. Sie versucht darzutun, daß die Mitte der Tragödie auch ihr Kernpunkt sei. Der englische Ausdruck wird aber auch für Tafeldekorationen benutzt. Solche "centre pieces" haben keinen Nährwert, geben aber doch dem Essen sein Gepräge. Ähnliches tut dann der Auftritt auch. Frau Appelbaum-Graham hat es nicht so gemeint, vielleicht aber aus der Fülle ihres Wissens eine besonders gute, weil zweideutige Bezeichnung gefunden. "Reflection as a Function of Form in Schiller's Tragic Poetry," *Publications of the English Goethe Society*, New Series, Vol. XXIV (Leeds, 1955), S. 6.

[14] Für eine ausführliche Analyse der letzten Worte in IV, 5, siehe Ludwig Bellermann, *Schillers Dramen*, 5. Aufl. (Berlin, 1919), I, 330 f.

erschütterte Infant wankt nicht in seiner Freundestreue, weiß sich aber verlassen und somit auch verloren. Wenn es nicht gälte, die Königin zu retten, gäbe er sich schon hier auf. Allerdings ändert sich in seinem nicht sehr logisch denkenden Gehirn das Bild des Marquis so wenig wie das des Vaters, denn bei seiner Verhaftung wenig später (IV, 16) steht er *"wie vom Donner gerührt."* Andererseits glaubt er nun, alles über den Freund zu wissen. Sein eingebildetes Verständnis sammelt sich in einem "matten, sterbenden Blick auf den Marquis."

So liegen die Dinge, wenn Posa Carlos in der Haft besucht (V, 1-3). Wie schon vorher Lerma gegenüber, gesteht der Prinz dem großen Freund jetzt das Recht zu, ihn zu verderben, da er zur Übersetzung der Freiheitsidee in die Tat ungeeignet ist. Aber Posa antwortet, indem er Carlos nach und nach in die dem Zuschauer schon bekannten Ereignisse einweiht. Langsam und spannend erzählt der Marquis, bis er, sobald Alba dem Prinzen seine Freiheit gebracht hat, frohlockend über seine höchste Leistung berichten und sich ganz offenbaren kann. Carlos erkennt die volle Tragweite des Posaschen Opfers und will, wie schon erwähnt, mit der Wahrheit zu seinem Vater, als der königliche Meuchelmord geschieht.

Geschickt sind in dieser Szene die Mehrdeutigkeiten, die Posa in seine Worte legt. Wenn nämlich Carlos den Freund beim Vater retten will, sagt Posa: "Wir haben uns noch viel zu sagen," und meint gewiß die ideologische Erbschaft, die dem Prinzen nach der fast garantierten Ermordung des Marquis zufällt. Und um Carlos am Wegeilen zu hindern, fragt er: "War / Ich auch so eilig, so gewissenhaft, / Da du für mich geblutet hast—ein Knabe?" Der Zweck der Worte ist zwar jedesmal der Zweck des Idealisten, aber die Stimme ist die Stimme des Freundes. Auch bei den oft zitierten Worten, "Rette dich für Flandern! / Das Königreich ist dein Beruf. Für dich / Zu sterben war der meinige," ist nicht ganz klar, wie sie eigentlich gemeint sind. Fügt man noch hinzu, daß es Posa äußerst wichtig ist, "Die bange Stunde . . . / Die man die letzte *schrecklich* nennt," mit Carlos zu verbringen, daß er Carlos jetzt "Zum ersten Mal mit vollem, ganzem Rechte" an seine Freundesbrust drückt, und daß seine letzten mit brechender Stimme gesprochenen Worte das Persönliche unterstreichen, so kann man glauben, Posa wäre wohl auch für Carlos gestorben, wenn "die gute

Sache" nicht "stark durch einen Königsohn" würde. Dies ist Carlos' Auffassung und sein Triumph.

Wie ein Posaunenstoß klingt die fünfmalige, variierte Wiederholung des "Für mich ist er gestorben" in dem Auftritt mit Philipp, der schon unter einem anderen Gesichtspunkt besprochen wurde. Philipp akzeptiert den Sieg seines Sohnes natürlich nicht. "Für einen Knaben stirbt ein Posa nicht," sagt er—interessanterweise, während Carlos nicht zugegen ist. Auch der Dichter selbst zitiert seinen König und will es nicht wahr haben, daß "der Marquis *nur* für seinen Freund sterbe, welches wohl nicht mehr statthaben kann, nachdem bewiesen worden, daß *er nicht für ihn* gelebt".[15] Aber man beachte die Einschränkung "nur." Also doch auch? Nachdem er, weiß Gott, gar nicht für ihn gelebt hat? Wer wissen will, wo das Gewicht liegt, muß den Weg Posas verfolgen, denn das Verhältnis von Carlos zu Posa ist nicht dasselbe wie das von Posa zu Carlos.

DER MARQUIS

Es war nicht möglich, über Carlos zu reden, ohne einiges in Bezug auf Posa vorwegzunehmen. Insbesondere ist dessen Besessenheit von einer Idee und sein Versuch, Carlos mit dieser zu infizieren, schon bekannt. Es bleibt aber doch noch vieles über ihn zu sagen, und zwar hauptsächlich über seine Lust, zu manipulieren, über sein Verhältnis zu Philipp und über die Änderung seiner Haltung Carlos gegenüber.

Posa vertritt die Geknechteten der Welt aus viel Einsicht, aber mehr noch aus Mitgefühl. Er liebt die eigene Freiheit über alles. Daher die Abneigung gegen Carlos' allzu heftige, besitzergreifende Liebe. Umgekehrt schließt die eigene Freiheit nicht die Beherrschung anderer aus. Wogegen der Marquis sich für seine Person wehrt, das tut er dem Freunde an, wenn auch auf andere Weise und im Namen des Ideals. Er manipuliert, disponiert, plant über des Prinzen Kopf hinweg, macht Verabredungen für ihn, bestellt oder zerreißt Briefe und schneidet schließlich noch "in einen gordischen Knoten, der in Wahrheit gar nicht da ist oder nur von ihm selbst geschürzt wurde."[16]

---

15 *Werke*, II, 263.
16 Storz, *Der Dichter F. S.*, S. 141.

Das Zitat entstammt dem letzten Schiller-Buch von Gerhard Storz, und zwar dem Kapitel, "Die große Schwierigkeit," in welchem der Autor das Unlogische an Posas Willkür aufdeckt, nachdem dieser Favorit des Königs geworden ist. Und in der Tat erinnert der Marquis im Augenblick seiner Macht einerseits an den verspielten Regisseur Fiesco und andererseits an dem vom Gedanken der Freiheit und des Vermögens verführten Wallenstein.[17] Die Willkür ist dramatisch nicht schlüssig, sondern nur Notbehelf, um den dichterischen Erfindungen Schillers eine Rückkehr in die geschichtlichen Fakten zu ermöglichen, Der Mangel an Folgerichtigkeiten bei Posa enthält jedoch auch einiges psychologisch Richtige und Wichtige, denn nur jemand, der dem Hang zur Selbstherrlichkeit so nachgibt wie er, kann von den "ungewohnten Strahlen / Der neuen königlichen Gunst" verraten werden.

Diese "Gunst," um nun das Verhältnis von Posa und Philipp kurz zu beleuchten, basiert auf einem Mißverständnis seitens des Königs. Der König hält Posa für einen sonderbaren Schwärmer, das heißt für jemand, der, sei es wegen einer ästhetischen Ausgeglichenheit,[18] sei es aus anderen Gründen, dem Throne ungefährlich ist. Und da Posa auch für sich selbst nichts aus der Leutseligkeit der Majestät herauszuschlagen wünscht, scheint er ein Mensch zu sein, den Philipp sich leisten kann. Das stimmt aber nur teilweise. Hinter dem "pulsierenden Gleichgewicht, dem ästhetischen Bewußtsein"[19] stehen ein soziales Gewissen und eine Regisseursmentalität, die fortwährend planen, unternehmen und leiten muß, ja schon vor der Rückkunft Komplotte geschmiedet hat (vgl. V, 8) und nicht nur Carlos, sondern auch Philipp gegenüber voller Heimlichkeiten steckt. Der König begeht den Fehler, Posa als eine Art Hofnarren anzustellen und ihm eine die Familie betreffende

---

[17] Vgl. Hilde D. Cohn, "Gefängnis und Gefangenschaft in Schillers Don Carlos," *Festschrift für Bernhard Blume* (Göttingen, 1967), Anm. 8, S. 88.

[18] Diesen Aspekt des Posaschen Charakters stellt Ilse Appelbaum-Graham in den Mittelpunkt ihrer Betrachtungen.

[19] Appelbaum-Graham, S. 19: "Honour, valour, fidelity, the ambition even to better the world, strong though these promptings be in the virile character of the Maltese, they all terminate in the persistent pull toward that inclusive state of being in which every potentiality of the person . . . is awakened and all are contained in a vibrant equilibrium: the aesthetic consciousness."

Mission zu übertragen. Posa besorgt sich Vollmachten für seine vertrauliche Aufgabe und mißbraucht sie alsdann.

"Den König geb ich auf. Was kann ich auch dem König sein?" sagt Posa zur Königin, nachdem er sein eigenes Schicksal besiegelt hat (IV, 21). In Wirklichkeit aber war er nie rechtschaffen mit ihm und hat ihn spätestens in dem Moment aufgegeben, da er um den Verhaftungsbefehl einkommt. Das geschieht in Akt IV, Szene 12. Hier überspielt er Philipp. Er redet ihm ein, Frau und Sohn hätten "nur" politische und keine amourösen Pläne, der Prinz hätte "der guten Freunde viel"—Domingo (II, 12) weiß, daß Carlos in Madrid nicht einen Vertrauten hat—kurzum, es bestünde Gefahr für das spanische Reich. Philipp hofft seinerseits, daß Posa recht hat, denn "Vor ihren / Staatsklugen Plänen zittr ich nicht," erklärt er. Anderseits weiß er auch, "Das Reich / Ist auf dem Spiele." Am Ende gibt er jedoch Posa *carte blanche* mehr zum Schutze seines Ehebetts als zum Schutze des Reichs. Man weiß nicht, welche neuen Pläne im Kopf des Marquis Gestalt gewinnen, gewiß aber haben sie nichts mit den Ängsten des Königs zu tun.

Was immer sie sind, eine hitzige, fehlerhafte Vorstellung von der Situation, in der Posa seinen Freund mit der Eboli findet, führt zu durchgreifender Veränderung der Pläne. Angesichts einer eingebildeten Gefahr schürzt und zerhaut Posa den "gordischen Knoten." Darin liegt das entgültige Fallenlassen des Königs, darin liegt aber auch eine Neubewertung der Freundschaft mit Carlos. "Es hätte / Bei mir gestanden, einen neuen Morgen / Heraufzuführen über diese Reiche," sagt er. "Ich führe sein [Philipps] Siegel, / Und seine Alba sind nicht mehr." Das stimmt. Wenn es ihm aber nur um einen neuen Morgen zu tun ist, warum rettet er dann den Freund? Weil er, wie Elisabeth ihm vorwirft, nur um Bewunderung buhlt? Kaum, denn ein Sieg oder Tod in Flandern könnte ihm diese auch einbringen.[20] Er opfert sich also aus einem anderen Grunde, nämlich dem folgenden: Seit so langer Zeit bezieht er Carlos in seine Entwürfe ein, daß er sein Ziel von der

---

[20] Die zwei Möglichkeiten, unter Ausschluß jeglicher dritten, erkennt auch Storz an: "Entweder muß er 'einen neuen Morgen heraufführen über diese Reiche' oder heroisch sterben: nicht die Begebenheiten im Stück verlangen seinen Tod, sondern der Anspruch seiner Gestalt macht ihn unvermeidlich." *Der Dichter F. S.*, S. 143.

Person des Prinzen nicht mehr trennen kann. "In meines Carlos Seele / Schuf ich ein Paradies für Millionen." Diese überaus reiche Aussage Posas enthält zweierlei, worauf Schiller selbst in seinen Carlos-Briefen Bezug nimmt. Einmal sagt er: "Carlos . . . wurde von ihm [Posa] nur als das *einzige unentbehrliche Werkzeug* zu *jenem* feurig und standhaft verfolgten Zwecke betrachtet und als solches mit eben dem Enthusiasmus wie der Zweck selbst umfaßt."[21] Damit erläutert er die unlösliche Verbindung von Freund und Ideal. Und anderswo sagt er:

> Genug für uns, daß alles, was Marquis Posa liebt, in dem
> Prinzen versammelt ist, durch ihn *repräsentiert* wird, oder
> wenigstens durch ihn allein zu erhalten steht, daß er
> dieses zufällige, bedingte, seinem Freund nur geliehene
> Interesse mit dem Wesen desselben zuletzt unzertrennlich
> zusammenfaßt und daß alles, was er für ihn empfindet,
> sich in einer persönlichen Neigung äußert.[22]

Mit der persönlichen Neigung tut der Dichter den letzten Schritt. Man sieht, warum Posa "meines" Carlos sagt und warum das Paradies nur in Carlos' Seele erstand. Kam es ursprünglich zu einer Freundschaft um der Freiheitsträume willen, so ist im Moment der Entscheidung die Freundschaft das Primäre—wie könnte auch sonst "Das kühne Traumbild eines neuen Staates" "Der Freundschaft göttliche Geburt" sein anstatt umgekehrt?

Erst hiermit ist die für die Einheit des Dramas nötige Grundkonstellation hergestellt. Im *Don Carlos* müssen die beiden jugendlichen Helden fest miteinander verknüpft sein, es sei denn, man wolle Carlos, der mehr Szenen hat als Posa, eine recht untergeordnete Rolle anweisen, wie die Kritik es denn auch schon getan hat.[23] Die Bindung des Prinzen ergibt sich aus einer Zuneigung, die direkt seiner Natur entstammt; die Bindung Posas ergibt sich aus der für ein Ideal gestellten Freundschaftsfalle, in die der Prinzenfänger selber fällt. Die zweite Natur wird Posa so zur Fessel, wie die Natur es Carlos ist.

---

[21] *Werke*, II, 243.

[22] *Werke*, II, 250.

[23] A. v. Gronicka zum Beispiel geht durch seine Fragestellung schon sehr weit in dieser Richtung. (Siehe auch Fußnote 3.)

Ein Traum zwingt zur Freundschaft, und eine Freundschaft gebiert
einen Traum. In einem einzigen Augenblick muß alles, was den Marquis
seit der Annahme der Duzbrüderschaft bewegt, in die Wagschale geworfen werden. Es gilt einen Entschluß, eine Wahl: "Karl oder ich."
Posa wählt Karl, zu dem ihn ein Ideal trieb, und dann modifiziert seine
schöpferische Erinnerung die Vergangenheit, um seine Wahl zu be-
stätigen. Er behauptet, er habe schon immer die Leidenschaft des Infanten für seine Stiefmutter gefördert und darauf gehofft, daß aus der
Erwiderung ein Gewinn für die geplagte Menschheit spränge. Jedoch,
hat er sie nicht eher ausgebeutet als unterstützt, diese gefährliche
Leidenschaft?[24] Auch tut er jetzt so, als richte er seit eh und je seinen
Kurs nach dem Sternbild des Eides, den er "in jenen schwärmerischen
Tagen" geschworen und nun gehalten hat. Das Drama weiß davon
nichts. Doch wer Freund sein *muß*, weil eine Kombination von Gefühlen und Ereignissen dazu treibt, der darf auch Freund sein *wollen*,
nachdem er sein Leben aufs Spiel gesetzt und verloren hat.

DIE BEIDEN TODE

Da es Posa vergönnt ist, über sein eigenes Ableben zu befinden, kann
der Dichter ihm noch drei bedeutsame Auftritte nach seiner Entscheidung gewähren, deren Inhalt und Sinn schon geprüft wurden. Zur
Behärtung des Gesagten ließe sich noch allenfalls bemerken, daß Posas
Brief an Oranien nur durch den Adressaten und die Idee der Flucht
nach Flandern ins Politische schlägt. Im wesentlichen ist er privaten
Inhalts und veranlaßt Philipp, den Marquis als aufdringlichen Cicisbeo
seiner Frau zu ermorden. Da Carlos im Bezug auf ein Liebesverhältnis
mit Elisabeth schon vorher von seinem Freunde beim König entlastet
wurde, wäre zusätzlich eine schriftliche Entlastung in Bezug auf die
Unruhen in Brabant angebracht gewesen. Und eine solche hätte eben-

---

[24] Den "Briefen" nach ist dies für den Dichter kein Gegensatz. "Von dem unglücklichen Carlos hat Flandern nichts zu hoffen, aber vielleicht von dem glücklichen ," sagt er zur Illustration Posaschen Denkens, fährt aber fort, das Ziel der Erfüllung der Leidenschaft als ihre Überwindung darzustellen. Damit ist jedoch
so etwas wie die Vernichtung des Briefes von Philipp an die Eboli nicht erklärt.
Vgl. *Werke*, II, 237 f.

sogut der Vereitelung aller Pläne dienen können wie die persönliche. Den Ansprüchen der Geschichte und der Struktur des Dramas war so oder so zu genügen. Darum liegt der Gedanke nahe, daß der betrügerische Brief in seiner jetzigen Form kein Einfall des Flandernretters, sondern einer des Freundesretters war.

Im Moment, wo sich Posas Schicksal vollendet, ist Carlos frei. Aber gleich verhöhnt er den Vater, sagt ihm die Wahrheit und beschwört beinahe einen Aufruhr herauf. Obendrein kommen Posas Papiere, die alle Komplotte gegen die Krone und Carlos' Anteil daran enthüllen, in die Hände des Königs. Daraufhin hat Philipp eine Unterredung mit dem Großinquisitor, die durch nichts vorbereitet ist und doch nicht nur von ungefähr dem Ende des Prinzen voraufgeht. Sie beansprucht daher einige Aufmerksamkeit.

Es handelt sich um den zweitletzten Auftritt des Stückes, der wie eine grausame Parodie des zweiten Auftritts im ersten Akt klingt. Gewiß, der Tonfall ist anders, die Situation ist anders, ein Ende steht einem Beginn gegenüber, aber in beiden Fällen spricht ein Lehrer mit seinem Schüler und sucht ihn von seiner "Leidenschaft" zu befreien. Posa stellt mit einem Rollentausch die Verbindung zwischen den beiden Szenen dar. Erst ist er Lehrer, später dann ist er Objekt und Symbol einer leidenschaftlichen Zuneigung. So spannt die Erscheinung des Großinquisitors den Bogen zur ersten Begegnung der beiden jungen Helden, gibt dem schweren Himmel von Madrid, der schon immer auf Carlos gelastet hat, sein eigentliches Gewicht und rafft gleichzeitig die Masse des Dramas zusammen.

Eine solche Szene kann nicht umhin, auf das ganze Drama zu wirken. Gewiß ist hier, wie Kurt May sagt, "die Tragödie des großen Realisten" gestaltet. Die Gegner sterben, die Idee überlebt, und der bei May an Wallenstein gemahnende König "hat am Ende . . . der Verwesung gearbeitet."[25] Aber diese Tatsache erschöpft den düsteren Auftritt nicht. Benno von Wiese und Hans Mayer weisen die Richtung, in der die Interpretation zu gehen hat, ohne selber den letzten Schritt zu tun. Von Wiese spricht von dem sich selbst vergotteten Monarchen, der als ein Sklave entlarvt wird.[26] Und Hans Mayer formuliert denselben Ge-

---

[25] Kurt May, *Friedrich Schiller* (Göttingen, 1948), S. 50 f.
[26] Von Wiese, *Schiller*, 276 f.

danken wie folgt: "Ein genialer Schlußeinfall Schillers zeigt das Drama der politischen Verantwortung gleichzeitig als Tragödie der politischen Unfreiheit: der absolute König verwandelt sich in der Schlußszene des Schauspiels selbst in ein Objekt."[27] Von diesem Gesichtspunkt ist es nicht weit bis zur Erkenntnis, daß auch die beiden jungen Helden Objekte werden, und sie sind schließlich die wichtigsten Figuren des Stückes.

Inwieweit wissen sie, daß sie Riesenspielzeuge sind, und was bedeutet dies für ihren kurzen Kampf? Sie wissen es und sie wissen es nicht. Carlos weiß sich vom ersten Auftritt an von Spitzeln umgeben und spricht nach seiner Schmähszene mit dem Vater die resigniert enigmatischen Worte: "Ich bin in den Händen / Der Allmacht." Und Posa wird gar von Philipp vor der Inquisition—"meine Inquisition" nennt der König sie—gewarnt. Wenn aber der Kardinal Großinquisitor Posa mit einem Vogel vergleicht und sagt, "Das Seil, an dem / Er flatterte, war lang, doch unzerreißbar," dann erweist er sich als eine Macht, von deren Größe sich niemand hat träumen lassen. Man wird sich plötzlich bewußt, daß der Ausgang vorbestimmt und die Mühen der Freunde vergebens waren.

Vergebens, aber nicht umsonst. Dieser Unterschied will hier gemacht sein. Vergebens ist die Auflehnung gegen das Böse, das Carlos und Posa zu kennen glauben, dessen Ungeheuerlichkeit jedoch ihr Begriffsvermögen übersteigt. Ihr Verständnis genügt gerade, sie zu ihren gefährlichen Unternehmungen anzufeuern. Das ist aber dann, wie gesagt, nicht umsonst, denn nur dadurch leben sie sich völlig aus unter den Auspizien einer ungeahnt ruchlosen Herrschaft. Hier wird Furcht und Mitleid erweckt.

Noch unter dem Eindruck der staatlich-kirchlichen Hölle, die Schiller zum Stellvertreter all solcher Höllen macht, tritt man an die letzte Szene des Dramas heran und an Carlos' Ende. Carlos ist aufgeblüht in dem Gedanken, daß seine Wesensart dem Tod des Freundes ihren Stempel aufgedrückt hat und findet sich nun bereit, auf ähnliche Weise den Freund ganz in sich zu empfangen. Sein altes Ich löscht er aus. Elisabeth bleibt die Vertraute, die sie immer war, aber Freundschaft fühlt er nicht für sie, da sie nicht Posa ist, und Liebe auch nicht

---

[27] Hans Mayer, "Schillers Dramen—für die Gebildeten unter ihren Verächtern," *Schillers Werke*, Bd. II (Frankfurt a. M., 1966), S. 491.

mehr, da er ohne den Freund keine Eigenexistenz mehr hat. "Meine Leidenschaft wohnt in den Gräbern / Der Toten," sagt er. "Keine sterbliche Begierde / Teilt diesen Busen mehr." Als abgeschiedener Geist hat er nur noch eine Aufgabe, "die Erinnerung an ihn!" Und welches Monument ist seiner würdig? Nur eins: "Über seiner Asche blühe / Ein Paradies." Da ist die Wendung. Die *"Liebe* zu einem wirklichen *Gegenstande"* erreicht ihre Vollkommenheit in der "Liebe zu einem Ideal," eben weil der Gegenstand dem Ideal ergeben war. Und wie der König einen Freund, so mordet die Inquisition schließlich doch noch einen neuen Sachwalter Flanderns.

V. MAX PICCOLOMINI, DER ZARTE SOLDAT

ALS HAUPTPFEILER des ambitiösesten dramatischen Gebäudes, das Schiller errichtet hat, wird sein Titelheld Wallenstein wohl immer im Zentrum umfassender Deutungsversuche stehen. Wem es aber um die "Schillermasken"[1] zu tun ist, das heißt, um die mehr oder weniger idealistischen Jünglingsgestalten, die der Dichter mit kritischer Liebe geschaffen hat, der muß, wenn er an die große Trilogie herantritt, sein Auge auf Max Piccolomini lenken und von ihm aus die wallensteinsche Welt erleben.[2] Tut er das, so präsentiert sich ihm ein Bild, das in fast allen *Wallenstein*-Studien von der mächtigen Gestalt des Herzogs verdeckt wird. Die Versetzung in den Brennpunkt des Interesses löst Max, den Schiller "den nächsten nach dem Hauptcharakter" nennt,[3] nicht aus den bekannten Zusammenhängen und nimmt auch nichts von der Gegensätzlichkeit und Spannung weg, die zwischen ihm und seinem väterlichen Freund besteht. Sie läßt ihn aber als einen selbständigen Menschen in Erscheinung treten in einem Sinne, in dem er als Folie Wallensteins nie zu erfassen ist, als eine an ihrem eigenen Widerspruch leidende, von Thekla sehr verschiedene, echt tragische Figur.

Nun wird Maxens Tragik zwar selten geleugnet, aber noch seltener wird sie klar umrissen. Den meisten Auslegungen haftet etwas Schiefes, Gekünsteltes an, das an dem Hauptpunkt vorbeigeht. Dieser Hauptpunkt ist, daß Maxens Konflikt ein in seiner Natur verankerter, unlösbarer ist, dem man nicht mit der Gegenüberstellung von Liebe und Pflicht, und ebensowenig mit der von Idealismus und Realismus bei-

---

[1] Karl G. Schmid, *Schillers Gestaltungsweise*, Wege zur Dichtung, Bd. XXII (Frauenfeld/Leipzig, 1935), S. 26.

[2] Ganz anders hält Melitta Gerhard Max und Thekla für schemenhaft und Wallenstein für den reiferen Bruder "eines Karl Moor und Fiesco, ja noch eines Ferdinand." *Schiller* (Bern, 1950), S. 350 und 354.

[3] An Goethe, 28. November 1796.

kommt. Der jüngere Piccolomini stellt nicht einfach den Schillerschen
Idealisten oder Phantasten dar, der "die Mängel seines Systems mit seinem Individuum und seinem zeitlichen Zustand bezahlen" muß;[4] er
gibt "seine Individualität" nicht "an das Höhere auf, wie Wallenstein
sie an das Niedere verloren hat;"[5] und er hat auch nicht "zwischen dem
vor dem Gewissen zu verantwortenden kaiserlichen Eid und der Treue
zur Geliebten zu wählen."[6] Vielmehr ist er ein lebendes Oxymoron,
vom Schicksal zum verpfuschten Charakter bestimmt, der logisch als
einziger in der Tragödie in Verzweiflung stirbt.[7]

Die folgenden Ausführungen, die dem Beweis dieser These dienen sollen, verdanken einige Grundzüge der Arbeit Karl Guthkes, die deswegen
kurz skizziert werden muß.[8] Guthke sagt richtig, daß es nicht Maxens
Aufgabe ist, "den absoluten Maßstab der Idealität abzugeben, an dem
Wallenstein zu messen und zu richten sein soll, wenn dieser selbe Max
in seinen Überzeugungen wankend wird und in eine Verzweiflung
stürzt, die seine Existenz im tiefsten erschüttert."[9] Die Frage, wie
denn nun der Gegenspieler Wallensteins zu begreifen ist, beantwortet
er folgendermaßen: Max fängt als Idealist an, der glaubt, sein Mentor
wolle die Ideale von Frieden und Menschlichkeit in die Wirklichkeit
umsetzen. Im *Tod*, II, 2, wird der Jüngling eines Besseren belehrt,
weiß aber Wallensteins Argumenten nur eine Empfehlung offener
Empörung entgegenzusetzen. Die Betonung liegt auf dem Wort "offen,"
denn da die kaiserliche Seite dem Ideal nicht besser dient als der General, bleibt ihm nichts, woran er sich angesichts des Verrats klammern

---

[4] E. L. Stahl, *Friedrich Schillers Drama* (Oxford, 1954), S. 96 f. Stahl zitiert
"Über naive und sentimentalische Dichtung," um seine traditionelle Ansicht über
Wallenstein klarzumachen.

[5] Gerhard Fricke, "Die Problematik des Tragischen im Drama Schillers," *Vollendung und Aufbruch* (Berlin, 1943), S. 401.

[6] Benno von Wiese, *Die deutsche Tragödie von Lessing bis Hebbel*, 3. Aufl. (Hamburg, 1955), S. 234.

[7] Vgl. Hermann Schneider, der sagt: "Das Leiden wird hier nicht durch Freiheit
überwunden, sondern Leiden und Tod werden aufgesucht und durchschritten als
die erwünschten Pforten zum Nichtsein." *Schillers Werke*, Nationalausgabe, Bd.
VIII, hrsg. Hermann Schneider und Lieselotte Blumenthal (Weimar, 1949), S. 395.

[8] Karl S. Guthke, "Die Sinnstruktur des Wallenstein," *Neophilologus*, 42 (1958),
S. 109-127.

[9] *Ibid.*, S. 114.

kann außer der "Haltung der Wahrhaftigkeit."[10] Damit aber ist der
Idealismus um seine Ziele betrogen oder, wie Guthke sagt, entleert.
Max ergibt sich der Legalität, wodurch er sein eigenes Wesen ver-
fälscht. Er verschanzt sich hinter "Eid" und "Pflicht," als hätten diese
etwas mit seinem ursprünglichen Gefühl für das Gute und Wahre zu
tun. "Wenn er zum Kaiser übergeht, ist er seinem früheren Idealismus
abtrünnig geworden."[11] Sich dessen halb bewußt, endet er "nicht in
der Befreiung, die die Erfüllung des Vernunftgesetzes dem Idealisten
gewähren soll."[12]

Guthkes Argumente sind, wie Michael Mann sagt, "nicht leichthin
abzutun."[13] Sie sollen auch gar nicht abgetan werden, sondern eher
erweitert und etwas abgewandelt, und zwar besonders mit Bezug auf
das Problem, an dem auch Professor Mann sich reibt, der konstatiert:
"Nur ist damit Maxens Wandlung vom einen zum andern Typus oder,
mit Guthke zu reden, die in ihm sich verkörpernde 'Paradoxie des sich
selbst zerstörenden Idealismus' eigentlich nicht erklärt."[14] Hier sei
unterstellt, daß sich die Wandlung nicht erklären läßt, weil sie nicht
existiert. Man kann Guthkes Erkenntnis des Konflikts in Max als einen
zwischen Idealismus und Legalität—martialer Legalität—unangetastet
lassen, ohne eine Inkonsequenz, eine Wandlung, ja ohne ein Übergehen
zum Kaiser wahrzunehmen. Das Drama legt den Gedanken nahe,
daß Max am Ende derselbe ist wie am Anfang, allenfalls mit geschärftem
Bewußtsein bei veränderter und gespanntester Lage der Dinge um ihn
herum. Sein Problem besteht darin, daß er nicht bleiben kann, was
er ist. Und eine Betrachtung seiner gesamten Entwicklung vom Kinde
bis zum fünfundzwanzigjährigen Obersten zeigt eine urgründig verfehlte, wenn auch, wie Thekla und Wallenstein bezeugen, keineswegs
wertlose Existenz, die, genau wie Wallensteins Verbrechen, nur durch
das Lager erklärt wird.

"Mit Frieden, Menschlichkeit, Werten des Herzens und 'Europas
großem Besten' bezeichnet Max die Ideale, die ihm im Erwachen der

---

[10] *Ibid.*, S. 118.
[11] *Ibid.*, S. 120.
[12] *Ibid.*, S. 121.
[13] Michael Mann, "Zur Charakterologie in Schillers *Wallenstein*," *Euphorion*,
Bd. 63. (1969), S. 330.
[14] *Ibid.*, S. 331.

Liebe als die idealen Lebensgehalte bewußt werden," bemerkt Guthke richtig,[15] geht aber an der Frage vorbei, die hier Ausgangspunkt der Untersuchung werden soll: was geht dem neuen Bewußtsein voraus, und welche Bedeutung hat und behält das frühere Dasein? Wenn der junge Piccolomini auf der Bühne erscheint, ist er sowohl Regimentskommandeur als auch ein zur Liebe Erwachter, aber Schiller liefert, genau wie bei Wallenstein, Hinweise auf Maxens Vergangenheit, die nicht zu ignorieren sind, denn das Einst wird nicht vom Jetzt abgelöst, sondern ist in diesem enthalten.

So wie der Kürassier (Lager, 970), hat der Oberst der Pappenheimer keine Erinnerung außer dem Soldatenleben. Octavio glaubt, seinen Sohn daran erinnern zu müssen, daß der Krieg alle seine Ansichten geformt hat:

> Das Kind des Lagers spricht aus dir, mein Sohn.
> Ein fünfzehnjährger Krieg hat dich erzogen,
> —Du hast den Frieden nie gesehn! (Picc., 481 ff.)

In dem Augenblick, da der Vater dies sagt, stimmt es nicht mehr, aber er macht seine Bemerkung nicht von ungefähr. Dem Knaben Max war der Krieg das Selbstverständliche, und das Soldatsein, einschließlich der dazugehörigen Ehr- und Pflichtbegriffe, ist ihm zur zweiten Natur geworden. Zwar entspricht das Leben im Felde nicht seinen eigentlichen Anlagen, aber er kennt kein anderes. Außerdem ist ja der Krieg nicht nur "ein roh, gewaltsam Handwerk," sondern auch ein Zustand, in dem man sich "menschlich fassen" kann (Lager, 965). Niemand weiß dies besser als Max, den Wallenstein später mit der Rekapitulation einer frühen Szene an sich zu ketten sucht:

> Sieh, als man dich im Pragschen Winterlager
> Ins Zelt mir brachte, einen zarten Knaben,
> Des deutschen Winters ungewohnt, die Hand
> War dir erstarrt an der gewichtigen Fahne,
> Du wolltest männlich sie nicht lassen, damals nahm ich
> Dich auf, bedeckte dich mit meinem Mantel,
> Ich selbst war deine Wärterin, nicht schämt ich
> Der kleinen Dienste mich, ich pflegte deiner
> Mit weiblich sorgender Geschäftigkeit,

---

[15] Guthke, "Die Sinnstruktur," S. 115.

> Bis du von mir erwärmt, an meinem Herzen,
> Das junge Leben wieder freudig fühltest.
> Wann hab ich seitdem meinen Sinn verändert? (Tod, 2143 ff.)

Da vermischen sich notwendigerweise die Kategorien des Daseins, und nichts ist natürlicher, als daß Max sich über sich selbst wundert, wenn er nach der Begegnung mit Thekla den Lagerbetrieb schal findet und doch zugeben muß, "Ich war doch sonst / In eben dieser Welt nicht unzufrieden" (Picc., 1437 f.).

Er wurde unzufrieden, als die Liebe in sein geschütztes Militärleben einbrach und mit ihr das Friedensideal, denn die schönen Gefühle erwachten ihm in der Idylle einer vom Kriege unberührten Landschaft. Das Liebeserlebnis enthob ihn der Zeit, aber gleich nach dem ersten Kuß fiel er wieder aus dem Himmel auf die Erde, als die Gräfin Terzki eintrat. Seitdem leidet er an der Diskrepanz zwischen irdischer Wirklichkeit und himmlischer Möglichkeit.

In dieser Beziehung steht er in einem bedeutenden Kontrast zu Thekla, mit der er fast immer in einem Atemzug genannt wird. Thekla ist nie zerrissen, nie gespalten. Die kriegerische Bühne knüpft ihr an das Leben, an die Wahrheit, "Was mir ein schöner Traum nur hat geschienen." Sie hat sich aus dem Stift heil mitgebracht und gleich den rechten Mann gefunden. Dies letztere ist wichtig, denn durch die Vermittlung Maxens, wie an anderer Stelle noch darzulegen ist, sieht sie sich vom Trubel des Soldatenlebens in ihrer Ungebrochenheit bestätigt. Mit der Ruhe der inneren Einheit erklärt sie den Zug des Herzens für identisch mit der Stimme des Schicksals (Picc., 1840) und braucht auch später nichts von ihrer Vorhersage zurückzunehmen, wonach das Schicksal ihr den gezeigt hat, dem sie sich opfern soll (Picc., 1837). Max dagegen erlebt keine Kongruenz von Herz und Schicksal. Was Thekla den Traum zur Wirklichkeit macht, macht ihm sein "wirklich Glück zum Traum. . . . Und diese Brücke, die zum alten Leben / Zurück mich bringt, trennt mich von meinem Himmel" (Picc. 1560, 1564 f.). Wie man das Liebespaar als seelische Zwillinge hat behandeln können, ist schwer zu verstehen.

Klar abgezeichnet gegen den Hintergrund seiner Freundin geht Max seinen absurden Weg. Sein Stand der Unschuld ist engstens mit dem Kriegslager verbunden. Nicht wie andere erwacht er eines Tages zum Bewußtsein durch die Einweihung in das Böse, sondern im Gegenteil, durch die Bekanntschaft mit dem Guten. Dies erweist sich als das ihm Gemäße—so wie Penthesilea primär Frau ist—, das er versuchen muß, mit seinem früheren, zur zweiten Natur gewordenen Ich—dem Äquivalent des Amazonentums—in Einklang zu bringen. Der Vergleich Maxens mit Kleists Heldin soll nicht überfordert werden, aber er besitzt doch genug Gültigkeit, den Konflikt des jungen Mannes in seiner Art und Echtheit zu kennzeichnen.[16] Unnatürliche Daseinsbedingungen haben einen zarten Soldaten geschaffen, der immer uneins mit sich ist und bleiben muß. Seine Handlungsweise ist plausibel. Erst hofft er, im breiteren Rahmen des Konflikts zwischen Kaiser und Wallenstein seinem Problem zu entgehen, es von außen her gelöst zu sehen. Dazu entwirft er sich ein Bild, in dem Ferdinand den Würger und Wallenstein den Friedensengel darstellt. Wenn diese Vorstellung nicht länger haltbar ist, sucht er eine Privatlösung, zögert, trennt sich nicht, wartet und leidet. Schließlich erzwingen die Vorgänge um ihn herum doch eine Entscheidung, da zerhaut er seinen gordischen Knoten durch die Flucht ins Nichts.

Die drei Etappen sind ungleichmäßig über das Drama verteilt. Der Versuch, Ideal und Soldatentum zur Deckung und dadurch den Konflikt zum Verschwinden zu bringen, durchzieht die ganzen "Piccolomini." Vom "Tod," II, 2, an liegen widerstreitende Gefühle im Kampf miteinander, der Soldat beobachtet den Idealisten, und der Idealist sieht dem Soldaten über die Schulter. Das ist besonders der Fall im "Tod," III, 18, wo es logisch zur Unterredung mit Thekla führt. Das Ende folgt dann schnell, und die letzten zwei Akte der Tragödie, die für Wallensteins Schicksal und Haltung von größter Bedeutung sind, stellen für Max nur noch einen Epilog dar, der das Voraufgegangene bestätigt.

Am Anfang der "Piccolomini" nimmt Max Zuflucht zur Idee der ungewöhnlichen Größe seines Mentors. Dem seltenen Manne ist seltenes Vertrauen zu schenken, und Wallenstein ist in seinen Augen ein äußerst seltener Mann. Seine Rede, die mit den Worten "Und eine Lust ists, wie er alles weckt" beginnt (Picc., 424-433), könnte einem Gotte schmei-

---

[16] Es ist nicht üblich, Max mit Penthesilea zu vergleichen, doch identifiziert Kleist sich selbst zu verschiedenen Zeiten mit beiden. Vgl. Heinrich von Kleist, *Sämtliche Werke und Briefe*, hrsg. Helmut Sembdner, 3. Aufl. (München, 1964), II, 518 und 797.

cheln. Von solch einem Menschen darf man Wunder erwarten. Das
wünschenswerte Wunder wäre natürlich der Frieden, und auf diesen,
das muß Max glauben, arbeitet der Feldherr hin:

> Ihr macht ihn zum Empörer, und Gott weiß!
> Zu was noch mehr, weil er die Sachsen schont,
> Beim Feind Vertrauen zu erwecken sucht,
> Das doch der einzge Weg zum Frieden ist. (Picc., 572 ff.)

Maxens Glaube erscheint Questenberg als "Wahn." Umgekehrt ist
Wien, das keinen Frieden will, für Max der Antichrist. "Geht nur,
geht!" sagt er als letztes zu dem Gesandten des Kaisers; "Wie ich das
Gute liebe, haß ich euch—." Noch unerschüttert verläßt er die Bühne.

Ein Schatten fällt auf seinen Glauben durch die Affaire des Obersten
Suys. Suys hat es vorgezogen, den Befehlen des Kaisers anstatt den
gegenteiligen Befehlen Wallensteins zu gehorchen. Wallenstein muß
ein Exempel statuieren und fragt Max, was der pflichtvergessene,
ungehorsame Suys verdient. Und Max gibt nach einer langen Pause
zu: "Nach des Gesetzes Wort—den Tod!" (Picc., 1207). Nach seiner
brutalen Offenheit Questenberg gegenüber kann man sein Zögern kaum
auf eine Wahl zwischen Ferdinand und Wallenstein beziehen.[17] Hier
ist keine Kluft zwischen Ideal und Militärrecht, wohl aber eine zwischen
Mittel und Zweck. Es hinterläßt einen bitteren Beigeschmack, wenn
ein Friedensbringer jemand töten muß, um eine bessere Zukunft heraufzuführen. Zum Glück für Max begeht Wallenstein den taktischen
Fehler, "Aus schuldger Achtung gegen meinen Kaiser," wie er sagt,
den Suys zu begnadigen. Die Wolke weicht, und die Sonne scheint
Max wieder.

Sieht man die Suys-Episode von dieser Seite an, dann liegt auch keine
inkonsequente Wandlung[18] im fünften Akt der "Piccolomini" vor, wo
die Verteidigung Wallensteins ihre Fortsetzung findet und kühne
Hoffnungen wie eine feste Schnur die beiden Seelen Maxens zusammen-
halten, bis Sesinas Gefangennahme bekannt wird. Octavio eröffnet
hier seinem Sohn, daß der Herzog die Armee dem Feinde zuführen
will. Max hält dies für Unsinn, da es sowohl schurkisch als auch un-

---

[17] Vgl. Guthke, "Die Sinnstruktur," S. 116.
[18] *Ibid.*

möglich wäre, "mehr als tausend Edelleute / Von Eid und Pflicht und Ehre wegzulocken" (Picc., 2328). Auch weiß der Vater, daß Wallenstein vorhat, sich für den Frieden, den er stiftet, mit der Krone Böhmens zu bezahlen. Das würde jedoch einen Bürgerkrieg heraufbeschwören und den geschaffenen Frieden vernichten. Darum glaubt Max Octavio nicht, und dieser muß nun Wallenstein selbst zitieren und sich ganz enthüllen, um überhaupt einen Eindruck zu machen. Max reagiert aber anders als erwartet. Der höheren Pflicht seines Vaters stellt er die menschliche Pflicht beider Piccolomini dem Feldherrn gegenüber entgegen; und die Verurteilung und Ächtung Wallensteins hält er für einen unglücksvollen Irrtum, der zu gegebener Zeit aufgeklärt werden wird: "Glänzend werden wir den Reinen / Aus diesem schwarzen Argwohn treten sehn" (Picc., 2553 f.).

Und woher nimmt Max seine Sicherheit? Wie weiß er, was vom Herzog zu erwarten ist? Sein Herz sagt es ihm, und das kann sich nicht irren (Picc., 2547). Aber just da kommt der Beweis, daß es sich doch irren kann. Der Zwischenhändler des Herzogs ist in den Händen der Kaiserlichen. In einem emotionellen Rückzugsgefecht verwünscht der idealistische Soldat die Staatskunst, die seinem Gefühl unrecht gibt und geht, die Wahrheit von Wallenstein persönlich zu erfahren.

Im "Tod," II, 2, erfährt er sie, da trübt sich der Glanz um den älteren Freund. Der Freimut des Feldherrn, der ihm nichts verhehlt, stellt ihn plötzlich vor die Wahl zwischen diesem und seinem Herzen.[19] Die Wahl ist schwer:

> Der alten Ehrfurcht eingewachsnen Trieb
> Und des Gehorsams heilige Gewohnheit
> Soll ich versagen lernen deinem Namen? ("Tod," 737 ff.)

Daher wählt das Herz nicht gleich. Vielmehr empfiehlt es erst offene Empörung und warnt nur vor dem Verrat, der mit demselben Adjektiv schwarz bezeichnet wird, wie vorher der Argwohn. Empörung bedeutet für Max die Weigerung, abzutreten oder Truppen abzugeben, nichts darüber hinaus, und Verrat ist das Bündnis mit den Schweden, das als Ziel die Verstümmelung des Reiches hat. Wallenstein erklärt Max,

---

[19] Siehe *ibid.*, S. 117, wo Guthke ein Irrtum oder ein bemerkenswerter, weil seine These unterstützender Druckfehler unterlaufen ist. Er zitiert "Herrn" anstatt "Herzen."

daß es ihm nicht mehr möglich ist, sich einfach vertragsmäßig zu be-
haupten, dafür ist schon zu viel auf beiden Seiten geschehen. Nun
erst erkennt der Jüngling, wie zugespitzt die Lage ist und versteht die
Alternativen für den General als Verbrechen und Fall. Da plädiert
er für den Fall. Doch Wallenstein zieht das Verbrechen vor, das Caesar
einst den größten Ruhm geerntet hat, und damit ist der Bruch endgültig.

Doch will Max keineswegs der Brutus seines Führers werden. Der
schmerzvolle Kampf, in dem er laut Bühnenanweisung am Ende des
Auftritts steht, ist noch nicht ausgekämpft. Bis zum letzten Augenblick bleiben Zaudern und Ambivalenz seine Merkmale. Im "Tod"
(II, 7) befreit er sich vom Vater und vom Kaiser, die ja nicht besser
sind als Wallenstein. "Kein Kaiser hat dem Herzen vorzuschreiben,"
sagt er, als der Vater ihn mitnehmen will, und vorsichtigerweise verspricht er auch nicht mehr, als daß er seine Truppen aus Pilsen führen
wird (Tod, 1272 f.). Noch weiß er besser, was er nicht tun darf, als
was er tun muß; das wird die Vorsehung ihn später wissen lassen.

Hat er noch Hoffnungen? Wenn nicht er, so doch die Pappenheimer,
die ihm folgen und ihn vertreten. Denn diese holen sich noch erst die
Wahrheit (Tod, III, 15) von Wallenstein selbst, wie ihr Führer es getan
hat. Wie Max unterstützen sie den Herzog gegen den Kaiser, soweit
jener sich in seiner Stellung zu halten gedenkt, und wie Max weigern
sie sich, mit dem Feind gemeinsame Sache zu machen. Hauptsächlich
aber erwarten auch sie vom Herzog, daß er Frieden stiftet: "Niemand
als du, der ihn mit Ruhm geführt, / Soll diesen Krieg, den fürchterlichen,
enden" (Tod, 1938 f.). In richtiger Erkenntnis seiner Wichtigkeit
greift Wallenstein gerade diesen Punkt auf und spielt die Taube mit
dem Ölzweig. Seine Bemühungen sind aber vergebens, denn fast hat
der große Psychologe die Pappenheimer gewonnen, als der Fahnen-
wechsel—von Buttler nicht unabsichtlich lauthals verkündet—ihn Lügen straft. Die Deputation zieht ab, denn von Friedland ist kein Frieden zu erwarten.

Die Lage an sich ist nun klar genug, aber Max hat noch keine zu-
friedenstellende Antwort auf sie. Drum sucht er Thekla auf, von der
er Rat erhofft, gerät aber auf dem Wege zu ihr noch einmal an Wallenstein. Dies führt zur zweiten großen Auseinandersetzung zwischen
Führer und Gefährten. Hier sind nun Wallensteins Überredungsver-
suche zielbewußt, während bei Max Soldatentum und Idealismus ver-

worren und verkneuelt liegen. Max weiß sich schuldlos inmitten "Der Väter Doppelschuld," doch verhindern Zwittergefühle die Entscheidung. Der Vater ist aus Pflicht "zum Schelm" an Wallenstein geworden, und dieser zerstört eine Welt, wenn er "des Herzens wildem Trieb allein" folgt. Weder Herz noch Pflicht genügen als Wegweiser und haben doch beide regulativen Wert. Wenn Wallenstein vom Persönlichen und rein Menschlichen her an Max appelliert, dann stärken "Mein Eid—die Pflicht—" dem Jüngling das Rückgrat. Aber die Stimme der Wahrheit, der über Wunsch und Leidenschaft hinweg zu folgen ist, spricht offensichtlich nur aus Thekla.

Unter den Fragen, die Max an Thekla stellt, ist keine, die auf die Möglichkeit einer Rückkehr zum Kaiser anspielt, obwohl doch dorthin die Pflicht weisen würde. Ist es schon im "Tod," III, 20, beschlossene Sache, daß der jüngere Piccolomini dem Versprechen gemäß seine Truppen aus Wallensteins Bereich führen, andererseits aber nicht gegen diesen kämpfen wird, so erneut der Aufruhr in der nächsten Szene Maxens inneren Kampf, und das Dortbleiben wird wieder in Erwägung gezogen. Und nun soll Theklas Wort das Orakel sein. Dabei soll sie alles wohl überdenken. Darf er um der Geliebten willen bleiben? Rechtfertigt die Ruchlosigkeit Octavios die Treue zu Wallenstein als eine Art Kompensation? Bedeutet Bleiben zum Vatermörder werden? Dies und noch mehr soll Theklas Herz entscheiden. Thekla aber weiß: selbst wenn der Geliebte bleiben könnte, der Soldat kann es nicht, da dieser ja nicht für sich allein entscheidet:

> Die Ruhe deines Freundes gilts, das Glück
> Von einem Tausend tapfrer Heldenherzen,
> Die seine Tat zum Muster nehmen werden. (Tod, 2314 ff.)

Drum sagt sie: "Geh und erfülle deine Pflicht." Und für die Pflicht, daß er sie recht verstehe, gibt sie ihm einen Prüfstein: "—aber Reue soll / Nicht deiner Seele schönen Frieden stören" (Tod, 2345 f.). Damit ist er wieder auf sich selbst zurückgeworfen, kann aber Pflicht von Pflicht unterscheiden, die militärische, von der persönlichen, die, die eine Trennung von Wallenstein verlangt und damit von Thekla und die, welche dem unmenschlichen Vater und bösen Kaiser die Beihilfe verweigert. Den Kontrast der zwei Begriffe, die mit demselben Namen benannt werden, hebt der Dichter noch einmal hervor, indem er die

Liebenden in der Umarmung zeigt, während draußen ein *"Vivat Ferdi-nandus"* laut wird.

Im dreiundzwanzigsten Auftritt des dritten Aktes der Tragödie nimmt ein verzweifelter Max Abschied von Thekla, von Wallenstein und von seinem früheren Leben. Es gibt keinen Kompromiß zwischen Soldaten-tum und Ideal, nur ein Mittel gibt es, das Unglück zu enden. Dieses vom Himmel verliehene Mittel ist jedoch ein echtes, rundes, schlüssiges. Es erfüllt Maxens Gelübde, die ihm anvertrauten Soldaten wegzu-führen, ohne sie—wie er rechtlich sollte—dem Kaiser zur Verstärkung zu bringen. Er vernichtet sie. Damit löst er nicht nur spitzfindig eines seiner Probleme, sondern straft auch die Pappenheimer, die ihn daran hindern, als unabhängiges, idealistisches Individuum "A plague o' both your houses" zu sagen und sich auf die Insel der Liebe zurück-zuziehen. Sie hängen, "Gewicht sich an Gewicht / Und ihre Masse zieht mich schwer hinab—" (Tod, 2420 f.). Das heißt, sie zwingen ihn in den Bann seiner zweiten Natur und zerren ihn von Thekla fort. Dafür weiht er der Rachegöttin ihre Seelen und führt sie und sich in den Tod. Alle losen Fäden sind nun verknüpft, und Max darf in der Tat dem Himmel danken, der ihm eine so vollkommene Lösung ein-gegeben hat.[20]

Der Rest des Dramas, zwei volle Akte, stellt zwar, was den jungen Helden betrifft, nur einen Epilog dar, aber einen wichtigen, denn hier kommt dem Zuschauer der große Wert des verfehlten Lebens zum Bewußtsein, ja mehr noch, hier sieht man, daß gerade die Seelenlage, die die Tragik Maxens bedingt, seinen Wert ausmacht.

Sowohl Thekla als auch Wallenstein sprechen in der Erinnerung von Max als dem Schönen. Wie kommen zwei so grundverschiedene Charak-tere zu dem gleichen Epitheton? Sie sagen es uns. In Theklas Monolog (Tod, IV, 12) heißt es:

> Du standest an dem Eingang in die Welt,
> Die ich betrat mit klösterlichem Zagen,
> Sie war von tausend Sonnen aufgehellt,
> Ein guter Engel schienst du hingestellt,

---

[20] Reinhold Schneider behauptet: "Daß Max den Tod nicht allein sucht, gehört zu den Unbegreiflichkeiten Schillerscher Pathetik." Siehe *Schiller—Reden im Gedenkjahr* 1955, hrsg. Bernhard Zeller (Stuttgart, 1955), S. 293. Das ist gewiß sehr vereinfacht.

> Mich aus der Kindheit fabelhaften Tagen
> Schnell auf des Lebens Gipfel hinzutragen,
> . . . .
> —Da kommt das Schicksal—Roh und kalt
> Faßt es des Freundes zärtliche Gestalt
> Und wirft ihn unter den Hufschlag seiner Pferde—
> —Das ist das Los des Schönen auf der Erde. (Tod, 3169 ff.)

Und Wallenstein sagt:

> Er machte mir die Wirklichkeit zum Traum,
> Um die gemeine Deutlichkeit der Dinge
> Den goldnen Duft der Morgenröte webend—
> . . . .
> —Was ich mir ferner auch erstreben mag,
> Das Schöne ist doch weg, das kommt nicht wieder . . . (Tod, 3446 ff.)

Von entgegengesetzter Richtung kommend treffen Vater und Tochter auf Max und finden in ihm die Brücke, Thekla zwischen Kloster und Kriegslager, sprich Unschuld und Welt, und Wallenstein zwischen Haudegentum und dem "Höchsten." Woran Max also am Ende zerbricht, nämlich daß er für Thekla "des Freundes zärtliche Gestalt" und zugleich für Wallenstein ein Freund des Kriegers sein kann, der dessen Glück "fühlend erst erschafft" und "teilend mehrt," das ist, vom Erwachen bis zum Selbstmord, seine Leistung als Katalysator und Mittler. Und die Verklärung, die sein Verzweiflungstod ihm versagt, gewährt ihm das Zeugnis derer, die, voneinander fern, ihm stets am nächsten standen.

VI. MORTIMER, DER ABENTEURER

Diejenigen, die in Mortimer nicht nur eine von Schiller für bestimmte strukturelle und dramenpsychologische Zwecke erfundene Nebenfigur der *Maria Stuart* sehen, sondern ihm ein Eigenleben zugestehen, halten häufig sein Konvertitentum für den hervorstechendsten Zug. Roger Ayrault erklärt zum Beispiel: "Il apparait vite que Mortimer a pour unique singularité d'être un converti, un protestant récemment venue au catholicisme."[1] Und W. F. Mainland macht den Jüngling sogar zum zweifach Abtrünnigen und Sünder, wenn er sagt:

> Mortimer tries to escape from his father's faith by conversion. But it is not a true conversion. Attracted by the colour and pageantry of Rome, he gives rein to his passion, and sullies the ostensible purpose of his mission to Maria. In the end, after confused and blasphemous appeal to the Blessed Mary in heaven he renounces his professed faith by suicide.[2]

Man kommt aber vielleicht dem Wesen und der Bedeutung Mortimers näher, wenn man ihn nicht von seinem unzulänglichen Katholizismus her zu bestimmen sucht, sondern aus seiner Sinnlichkeit und seinem Abenteurertum heraus, die beide das religiöse Moment in ihm einschließen und seinen Abstand von den *Räubern*, von Posa und von Max Piccolomini aufzeigen, an die er gelegentlich erinnert hat.[3] Betrachten wir ihn hier unter diesem Gesichtspunkt mit dem Ziel, seine Eigentlichkeit zu erfassen.

In seiner ersten wichtigen Szene mit Maria (I, 6) hat Mortimer etwas über zweihundert Verse zu sprechen. Mehr als hundertundfünfzig davon sind für die unmittelbaren dramatischen Aufgaben, Hoffnung in Maria zu erwecken und über das Todesurteil zu referieren, unnötig, da sie nur von der Vorgeschichte des Konvertiten handeln. Storz nennt sie eine "Kantilene," die "keineswegs der dramatischen Verknüpfung dient" und sieht in ihnen ein Funktionsäquivalent zu "Wal-

---

[1] Roger Ayrault, "La figure de Mortimer dans *Marie Stuart* et la conception de drame historique chez Schiller," *Études germaniques* 14 (1959), S. 317.

[2] W. F. Mainland, *Schiller and the Changing Past* (London, 1957), S. 67.

[3] Vgl. Ayrault, "Mortimer," S. 322 und Körners Brief an Schiller, 9. Juli 1800.

[67]

lensteins Lager." So wie dieses Vorspiel die Stimmung und Darstellung der historischen Situation für die Trilogie liefere, täten die autobiographischen Lyrismen Mortimers es für *Maria Stuart*.[4] Die Rom-Erzählung leistet aber mehr; sie dient dem Verständnis des Erzählers. Ohne sie würde man des häufigeren den Kopf über den Jüngling schütteln müssen.

Als Zwanzigjähriger rebelliert Mortimer gegen die Autorität der puritanischen Gesellschaft, in der er groß geworden ist. Mit sicherem Instinkt für das ihm Gemäße wagt er die Fahrt nach Italien, und ein glücklicher Zufall will es, daß es eben "die Zeit des großen Kirchenfestes" ist. In Rom entzücken ihn die Kunstwerke der Malerei und der Architektur—das Wort "Musik" benutzt er nur einmal, und dort scheint die "Musik der Himmel," die "herunterstieg," nur Ausdruck einer durch Plastiken hervorgerufenen Synästhesie zu sein—und während seine Sinne reich beschenkt werden, wächst das physische Erlebnis ins Metaphysische; das Papsttum wird ihm zur wirklichen Statthalterschaft Gottes auf Erden durch Farben und geformte Steine. Nun hat er sich gefunden, denn ein neues Gefühl der Freiheit durchdringt ihn: ". . . mein Gefängnis / Sprang auf und frei auf einmal fühlte sich / Der Geist. . . ."[5]

Bald schließt er sich katholischen Schotten und Franzosen an und gerät auf diese Weise an den Kardinal von Guise. Dieser Kirchenmann untermauert das sinnlich-übersinnliche Erlebnis mit der Philosophie Roms und bewirkt den Übertritt—die Rückkehr—Mortimers zum Katholizismus.

Das Aufgeben der grübelnden Vernunft und ihr Ersatz durch das sichtbare Haupt der größten aller Glaubensorganisationen, dem seit eh und je die Wahrheit anvertraut ist, gibt Mortimer eine passende Seinsweise aber, wenn man solch ein Wort prägen darf, noch keine Tunsweise. Im Besitz innerer Harmonie und aller jugendlichen Kräfte fehlt ihm noch ein Lebenszweck. Aber auch dieser läßt nicht auf sich warten. In der Wohnung Leßleys, des Bischofs von Roße, hängt ein

---

[4] Gerhard Storz, *Der Dichter Friedrich Schiller*, 3. erweiterte Aufl. (Stuttgart, 1963), S. 342 f.

[5] Zitiert nach, Friedrich Schiller, *Gesammelte Werke*, 2. Aufl. (München, 1960), Bd. II.

Bild, in das Konvertit sich beinahe verliebt, und das ist das Bild einer Frau, die in seinem eigenen Lande wegen ihrer Konfession, die neuestens auch die seine ist, gefangensitzt. Unschuldig schmachtet sie dort, auf Gerechtigkeit und Rettung wartend. Und mehr noch, gerade im rechten Augenblick wird ihre Bewachung Paulet übertragen, Mortimers Onkel. Das scheint ein Wink des Himmels zu sein, der Jüngling hält sich für den Erwählten, der es versuchen soll, die schöne und gute Königin von Schottland aus den Klauen der häßlichen, bösen Königin von England zu erlösen. Der Kardinal bereitet ihn auf seine Mission vor, indem er ihn "der Verstellung schwere Kunst" lehrt und ihn segnet. So macht er sich auf den Weg und steht nun vor Maria; sein Bericht mündet in die szenische Gegenwart. Der Augenblick wird zum Test für die Vorarbeit, die Mortimers Lehrer geleistet haben; diese bestehen ihre Prüfung aber glanzvoll, denn wie der Heilige Vater in Rom kaum der Juwelen bedurfte, um in den Augen des Jünglings in himmlischer Verklärung dazustehen, so umfließt auch im Kerker "Ewig Licht und Leben" die schöne, allen Schmuckes bare Maria.

Das ist der Inhalt der ersten drei Viertel des besprochenen Auftritts. Das letzte Viertel füllt Beobachtungen praktischer Art über das Urteil der Richter, die allgemeine Lage, Elisabeths Haltung und die Rettungsmöglichkeiten. Dabei zeigt sich Mortimer als Realist, der das Denken der Königin von England sehr wohl versteht. Was er weniger versteht, ist Marias Vertrauen zu Leicester. Es leuchtet ihm nicht recht ein, daß die Gefangene sich mehr von dem Günstling Elisabeths verspricht als von ihm und seinen zwölf Jüngern. Doch bleibt ihm nicht viel Zeit zu forschen, einzuwenden oder zu debattieren, da Burleigh sehr bald erscheint. So endet die Unterhaltung unabgeschlossen, und Mortimers letzte Worte zeugen von einer Sachlichkeit, um nicht zu sagen, Verstimmtheit, die merklich von der vorherigen Wärme absticht.

Hat die Erwähnung Leicesters eine kleine Wand zwischen Maria und ihrem neuen Gefolgsmann errichtet, so reißt Elisabeth sie wieder ein. Kaum hat die jungfräuliche Königin Paulets Neffen kennengelernt, da versucht sie auch schon, ihn als Mörder ihres gefährlichen Sträflings zu dingen, wobei verhüllt lüsterne, recht vage Andeutungen auf Belohnung persönlichster Art das Ansinnen schmackhaft machen sollen. Die Möglichkeit der Gunst Elisabeths fordert Vergleiche heraus, die Maria notwendigerweise zum Vorteil gereichen müssen, denn Maria ist schöner, erfahrener in der Liebe und bezeugtermaßen fähig, Männer glücklich zu machen. So tritt auf Umwegen zum ersten Mal der Wunsch nach dem Besitz der Frau, der er helfen möchte, in den Gedankenkreis des jungen Ritters.

In Gegenwart Leicesters (II, 8) verblaßt der Wunsch zeitweilig. Nachdem der Schwärmer und der vorsichtige Graf eine Weile umeinandergestrichen sind und sich ausgekundschaftet haben, erkennen sie sich, trotz grundverschiedener Charaktere, als Verbündete, und Mortimer nimmt die Tatsache hin, daß Leicester Marias Favorit ist, hinter dem er zurückzustehen hat. Aber der Favorit ist ein Feigling und der Jüngling ist ein zur Tat entschlossener Planer. Dadurch gewinnt dieser eine Überlegenheit, die es ihm erlaubt, die Frage seiner persönlichsten Ansprüche offenzulassen. Das tut er, indem er den Zaudernden zurückweist, der ihn zum Liebesboten machen will. Das Ende der Szene zwischen den beiden Rivalen läßt ahnen, daß die um Marias willen geleistete Selbstverleugnung Mortimers keine Dauerverpflichtung darstellt. Dazu hätte sie nur ein ganz anderer Leicester, ein furchtloser Liebhaber machen können. Mortimers Logik ist augenscheinlich überhaupt nicht die von Ursache und Wirkung, sondern die Logik des Eindrucks und der Assoziation. Man ist gewiß, daß der bescheidenste Anlaß genügen wird, dem feurigen Strom jugendlicher Sinnlichkeit wieder die Schleusen zu öffnen.

Der Anlaß bietet sich bald und ist gar kein so bescheidener. Die Begegnung der Königinnen ist es, die die wildeste Sehnsucht in Mortimer weckt. Durch die Kühnheit der Verzweiflung gewinnt die schöne Maria in der Kulminationsszene des Dramas so sehr an Glanz in den Augen des begeisterten Zeugen, daß dessen Blut in höchste Wallung gerät. Er entwickelt ihr seinen Rettungsplan, bei dem es ohne Gewalttaten nicht abgehen kann; er redet sich in Hitze; sogar seinen Onkel zu ermorden ist er bereit. Aber dann will er auch seinen Augenblick im Paradiese, der mit dem Tode nicht zu teuer gebüßt scheint. Seine eigenen Worte berauschen ihn immer mehr und steigern die Potenz seiner Sensualität, indem er die gleiche Sensualität der früheren Maria mit den Namen Rizzio und Bothwell heraufbeschwört, bis sie wegeilt, ihrer eigenen inneren Wandlung und der Hoffnungslosigkeit ihrer Situation bewußt.

Mortimers Rolle ist nicht wichtig genug, als daß der Dichter den "Fieberwahn" des Jünglings eingehender erklärte. Man versteht aber, daß sein libidinaler Egoismus Maria ungewollt einen wertvollen Dienst geleistet hat: sie stirbt leichter, da sie den schlechteren Teil ihres Selbst schon vor dem unvermeidlichen Tode verabschiedet hat. Daher empfindet der Zuschauer keine moralische Entrüstung bei Mortimers groteskem Eroberungsversuch, und der bedächtige, traurige, aber immer noch liebende junge Mann der achten Szene im dritten Akt ergänzt den Möchtegern-Vergewaltiger der sechsten, ohne Befremden hervorzurufen.

Dazu trägt aber noch ein anderer Umstand bei, nämlich die durch die Ereignisse bedingte Resignation Mortimers. "Warum versprützt der Tapfere sein Blut? / Ist Leben doch des Lebens höchstes Gut! / Ein Rasender, der es umsonst verschleudert!" sagt er, während er brünstig wirbt. Nur der Lohn für verwegene Taten macht ihm das Leben lebenswert. Doch kaum hat er derart gesprochen, als das verfehlte Attentat auf Elisabeth ihn auch schon überzeugt, daß die unglückselige Maria ihm nie den Lohn wird geben können. Nicht daß sie vor ihm floh, sondern daß sie fallen muß, kühlt seine Sinne und führt ihn zu seiner ursprünglichen und eigentlichen Aufgabe zurück.

Es folgt der Verrat Leicesters, der dem jungen Heißsporn nicht einmal mehr erlaubt, "auf ihrem Grabe mir zu betten," wie er sagt. Ein Mortimer voller Hoffnung auf Erfolg möchte es auf einen Kampf mit seinem Widersacher ankommen lassen, aber alle Hoffnung ist verschwunden, und selbst wegen eines neuen Anfangs nach Schottland zu eilen·ist ihm nun versagt. Da gibt er sich selbst auf, setzt sich von Leicester ab, entschlägt sich jeglichen Rachegedankens—wo er doch gut durch Verlautbarung dessen, was er weiß, den Höfling mit vernichten könnte— läßt dem "Elenden" sein Leben, das nun "das einzige Gut des Schlechten" ist, und erdolcht sich.

Überblickt man alle Merkwürdigkeiten und Widersprüchlichkeiten, die die kurze irdische Existenz Mortimers durchsetzen, dann wird es sinnfällig, daß es sich um die eines Abenteurers handelt, so wie Georg Simmel diesen versteht.[6] Simmel sagt zum Beispiel:

> Daß ein Isoliertes und Zufälliges eine Notwendigkeit und einen Sinn enthalten könne—das bestimmt den Begriff des Abenteuers in seinem Gegensatz zu allen

---

[6] Georg Simmel, "Das Abenteuer," *Philosophische Kultur* (Leipzig, 1911), S. 11-28.

> Stücken des Lebens, die die bloße Fügung der Geschicke in dessen Peripherie
> einstellt. Zum Abenteuer wird ein solches erst durch jene doppelte Sinngebung:
> daß es in sich eine durch Anfang und Ende festgelegte Gestaltung eines irgend-
> wie bedeutungsvollen Sinnes ist, und daß es, mit all seiner Zufälligkeit, all
> seiner Exterritorialität gegenüber dem Lebenskontinuum, doch mit dem Wesen
> und der Bestimmung seines Trägers in einem weitesten, die rationaleren Lebens-
> reihen übergreifenden Sinne und in einer geheimnisvollen Notwendigkeit zu-
> sammenhängt.[7]

Das trifft für Mortimer zu. Konvertit aus seinem Grundcharakter
heraus, erklärt er einen doppelten Zufall, den, der ihn zu Marias Bild
führt und den der Kerkermeisterrolle seines Onkels, zur Schicksals-
fügung und macht ein so begrenztes Unternehmen wie die Rettung
Marias zum Lebenszweck. Auch tut er es allein, und selbst in II, 8, wo
Leicester noch nicht Feind oder Nebenbuhler ist, kommt der Gedanke
an gemeinsame Pläne oder an "teamwork" nicht auf. Dazu bemerkt
Simmel: "Der Abenteurer verläßt sich zwar in irgendeinem Maße auf
die eigene Kraft, vor allem aber auf das eigene Glück, eigentlich auf
eine sonderbar undifferenzierte Einheit beider."[8] Weiter mischt sich
in die Rettung ein erotisches Problem, und dies paßt ebenfalls zu dem
Bild des Abenteurers: "Das Liebesverhältnis," heißt es bei Simmel weiter, "enthält in sich das deutliche Zusammen der beiden Elemente, die
auch die Form des Abenteuers vereinigt: die erobernde Kraft und die
unerzwingbare Gewährung."[9] Und schließlich—wie könnte es nach dem
vorigen Zitat anders sein?—ist Mortimer jung, und das Abenteuer ist
"die Prärogative" der Jugend.

Es genügt aber als Entgegnung gegen die Angriffe auf Mortimers
korrupten Katholizismus nicht, diesen einfach unter das Schutzdach
des Abenteuers zu stellen. Vielmehr muß man hinzufügen, daß Schillers
erfundener Charakter der Abenteurer eines von der Romantik borgenden
Klassikers ist. Dies zeigt sich zweifach, erstens an der Definition seiner
Sensualität und zweitens an dem eigentlichen Objekt vieler Kritik,
nämlich dem Selbstmord als solchem.

In einem seiner zusammenfassenden Sätze verbindet Simmel Jugend
und Abenteuer mit der Romantik: "All dieses Sich-aus-sich-Herauswer-

---

[7] *Ibid.*, S. 14.

[8] *Ibid.*, S. 19.

[9] *Ibid.*, S. 20.

fen des Lebens, diese Spannweite der von ihm durchdrungenen Elemente kann sich nur aus einem Überschuß und Übermut des Lebens speisen, wie er im Abenteuer, in der Romantik und in der Jugend besteht."[10] Die wichtigen Beziehungen, die der Kulturphilosoph hier herstellt, sind auch in Mortimer realisiert, und zwar mit Hilfe von Tieck und Wackenroder, die Schiller das liefern, was er in sich selbst nicht findet. Die besondere Quelle des Dichters ist der "Brief eines jungen deutschen Malers in Rom." Ayrault bemerkt richtig dazu: "Car ici Schiller n'avait qu'à suivre, même pas à inventer."[11] Doch borgt er im Geiste der Klassik: die Musik, die in Tiecks Beitrag zu Wackenroders Werk eine bedeutende Rolle spielt, ist, wie schon eingangs erwähnt, zu einem einzigen Wort reduziert, wogegen die bildenden Künste Mortimer ganz überwältigen. So wird das Geliehene verwandelt.

Ähnlich geht es den Vorschriften der Kirche. Dem Klassiker ist der Selbstmord keine Sünde, sondern ein Beweis der Freiheit. "Die letzte Wahl steht auch dem Schwächsten offen, / Ein Sprung von dieser Brücke macht mich frei," sagt Gertrud Stauffacher in *Wilhelm Tell*. Mortimer tut diesen Sprung, wenn ihm Hemmung, äußerer Druck, Verurteilung und Hinrichtung drohen. Mag "ein kritisches Licht" auf den "Schwärmer" fallen,[12] mag dem Glauben des Ästheten Echtheit mangeln, um den Marias in um so hellerem Lichte strahlen zu lassen,[13] seine letzten Worte, die ihn des Unterschieds zwischen der himmlischen und der irdischen Maria durchaus bewußt zeigen, enden in einer rein religiösen Wendung, "le tour uniquement réligieux,"[14] und weder vorher noch nachher ersteht irgendwo im Drama der Schatten einer Kritik an ihm. Man geht gewiß fehl, wenn man ihn an den Maßstäben des Moralischen —das schon im Brief an Goethe, 27. Februar 1798 als "leer" bezeichnet wird—oder der Dogmatik zu messen sucht. Er ist einfach Schillers klassisch-romantischer Abenteurer, nicht mehr und nicht weniger.

---

[10] *Ibid.*, S. 24.

[11] Ayrault, "Mortimer," S. 320. Siehe auch Eduard Castle, "Mortimer in Rom," *Anzeiger der Akademie der Wissenschaften Wien, Philosophisch-Historische Klasse* 90 (1953), 114-119.

[12] Vgl. Benno von Wiese, *Friedrich Schiller*, 3. durchgesehene Aufl. (Stuttgart, 1963), S. 720.

[13] Vgl. Ayrault, "Mortimer," S. 321.

[14] *Ibid.*, S. 324.

Unkompliziert, äußerst geeignet, Leicester und Elisabeth als Gegenspieler zu dienen, in Maria Hoffnungen aufzubauen, ein Kalkül auftauchen zu lassen, das eigentlich nur Chimäre ist, dem Gefälle des Dramas Retardation und gleichzeitig Förderung zu geben, ein Jüngling, der Freude und Entzücken, Sorge und Befürchtungen erweckt, das ist Mortimer, wie man ihn erlebt und im Gedächtnis behält. Er leitet vieles ein und löst vieles aus, lebt episodisch und reflektiert nicht. Mit beneidenswerter Sicherheit tut er, was ihm der Augenblick eingibt und verbreitet dabei einen Glanz um sich wie wenige andere Charaktere des Dichters. Er kommt und geht wie ein Meteor, aber so kommen und gehen ja viele Abenteurer, auch wenn sie weniger aufs Spiel setzen als ihr Leben.

VII. DON CESAR,
DER WAHN ALS FINTE DES SCHICKSALS

ÜBER DAS wichtigste Ereignis im Leben Don Cesars, des Helden und Haupthandlungsträgers in der *Braut von Messina*, nämlich über dessen Selbstmord, herrscht in der Literatur bisher keine Übereinstimmung. 1955 verfocht Benno von Wiese beispielsweise die traditionelle Ansicht von Cesars Selbstentleibung als "Opfergang,"[1] wofür ihm Cesars Vers vom freien Tod, der allein die Kette des Geschicks bricht, (2641)[2] als Beleg diente. 1956, beziehungsweise 1960 zogen Joachim Müller und Friedrich Sengle die Möglichkeit in Betracht, daß der freiwilligen Sühne des Normannenprinzen anderes beigemischt war. Sengle sagte: "Es ist z. B. von zentraler Bedeutung, daß Beatrice dem Bruder am Ende der Tragödie verzeihende Tränen weiht und daß ihm diese Tränen seinen Freitod erleichtern und versöhnen."[3] Und bei Müller wurden die Tränen implizite gar Tränen der Liebe, als er erklärte: "Cesar will diese Liebe mit in den Tod hineinnehmen, so daß dieser Tod, den er freien Willens als das ihm nun allein noch Gemäße ergreift, kein sinnloses Schlußstück unter ein vergeblich verlaufenes Leben ist, sondern die eigentliche Lebens-Erfüllung."[4] Um dieselbe Zeit, 1954 und 1959, gingen zwei außerhalb Deutschlands tätige Interpreten noch weiter und lehnten die Idee des Opfertodes gänzlich ab. Stuart Atkins sah Cesars Selbstmord "eher durch Anmaßung und Trauer . . . als durch quälende Reue über seine Tat motiviert,"[5] und E. L. Stahl behauptete kategorisch: "Don

---

[1] Vgl. Benno von Wiese, *Die deutsche Tragödie von Lessing bis Hebbel*, 3. Aufl. (Hamburg, 1955), S. 271.

[2] Die Ziffern in Klammern beziehen sich auf die Verse, wie sie in Friedrich Schiller, *Sämtliche Werke*, 2. Aufl. (München, 1960), II, numeriert sind.

[3] Friedrich Sengle, "Die Braut von Messina," *Der Deutschunterricht*, 12 (1960), S. 83.

[4] Joachim Müller, "Die Tragik in Schillers 'Braut von Messina,'" *Wissenschaftliche Zeitschrift der Friedrich-Schiller-Universität Jena*, 5 (1955-56), S. 70.

[5] Stuart Atkins, "Gehalt als Gestalt in Schillers 'Braut von Messina,'" übers. Inge Glier, *Deutsche Vierteljahresschrift für Literaturwissenschaft und Geistesgeschichte* 33 (1959), Heft 4, S. 550.

Cesar's motives for committing suicide . . . compound idealism with egotism: his resolve to kill himself is an emotional rather than a moral decision."[6] Doch konnte niemand Benno von Wiese überzeugen; und sowohl 1959 als auch 1963 beharrte dieser auf seiner ursprünglichen Auffassung, womit er Don Cesar in die unmittelbare Nähe der Maria Stuart rückte.[7]

1967 tadelte Emil Staiger ihn dafür,[8] aber auch Staiger konnte die althergebrachte Ansicht von Cesars Ende als "Akt der freien Selbstbestimmung" und autonomen "Erfüllung des Sittengesetzes"[9] höchstens erschüttern und nicht völlig umstoßen, denn wie seine Vorgänger, wußte er besser, was den jungen Helden *nicht* zum Handanlegen an sich selbst trieb, als was ihn positiv motivierte. Hier sei der Versuch gemacht, mit Hilfe der verschiedenen Hinweise auf einen komplexen Tod Don Cesars das herauszuarbeiten, was denn nun diesen zu seiner Handlungsweise, besonders gegen Ende des Dramas, wirklich bewegt.

Im Lichte der Zitate aus der Forschung darf man sich fragen: wie, wenn Cesars Anmaßung und Beatrices Tränen eine Wahnvorstellung schüfen, die sich dem Schuld-Bewußtsein zur Vollstreckung höherer Gerechtigkeit katalytisch zugesellte? Dann wäre der edle Jüngling sowohl frei wählendes Individuum im Sinne der Maria Stuart als auch unfreier Handlanger des Schicksals. Seine zweite, gegen sich selbst gerichtete Gewalttat stünde nicht nur unter dem Zeichen persönlicher Sühne, deren Nebenwirkung das Ende des Familienfluches wäre, sondern auch unter dem einer Illusion, ohne welche die Götter-versöhnende Tat nicht notwendigerweise ausgeführt würde. Und wo Schillers erster junger Held, Karl Moor, zur großartigen Geste greift, um sich ins Unabwendbare zu finden—"dem Mann kann geholfen werden"—hülfe ein irrtümliches Behagen dem letzten jungen Helden des Dichters zur Erlösung seiner selbst und seiner unglücklichen Sippschaft. Untersuchen wir den Text, um festzustellen, ob er einen solchen doppelsin-

---

[6] E. L. Stahl, *Friedrich Schiller's Drama* (Oxford, 1954), S. 133.

[7] Benno von Wiese, *Friedrich Schiller*, (Stuttgart, 1959) und 3. durchgesehene Aufl. (Stuttgart, 1963), S. 755.

[8] Emil Staiger, *Friedrich Schiller* (Zürich, 1967), S. 407. Staiger bezieht sich auf die Erstausgabe von von Wieses Magnum Opus.

[9] *Ibid.*

nigen Tod Don Cesars unterstützt und somit einen mittleren Standort zwischen den vorwaltenden Interpretationen erlaubt.

Wir haben es zwar mit einer Dramenfigur zu tun, die nicht minutiös und scharf gezeichnet vor uns steht, deren Konturen aber im Laufe des Dramas immer mehr an Deutlichkeit gewinnen. Don Manuel nennt schon früher einige wesentliche Züge seines Bruders, wenn er ihn als selbstbewußt darstellt (472) und stolz (475) und edel (469) nennt. Auch zeigt Cesar sich als generös, wo er anderen freundlich gesinnt ist (513 f.), und schließlich ist er schnell aufbrausend und unbedacht, was später zu übereiltem Handeln führt. Mit all diesen Eigenschaften, die vielleicht der Beschreibung des Herzogs von Spoleto bei Otto von Freising entlehnt sind,[10] sieht Don Cesar wie ein Verwandter Karl Moors aus, dessen Verhaltensweise leicht verständlich wäre, wenn ihm nicht auch noch andere Qualitäten eigneten.

Ehe wir auf diese zu sprechen kommen, sei jedoch beiläufig darauf hingewiesen, daß Cesar einen Teil seiner Profilierung recht unorthodoxen Stilmitteln verdankt, weshalb wohl auch das Wort von der "Charakterlosigkeit," das Delbrück schon 1804 auf alle drei Kinder der Isabella anwandte,[11] in Variationen bei vielen Kritikern erscheint. Zum Beispiel unterstreicht Schillers "gewalttätige Weise," das "gegenseitige Nichtwissen" ohne Rücksicht auf äußere Wahrscheinlichkeit zu wahren,[12] den letzterwähnten Zug Cesars, seine gedankenlose Hast. Man erinnere sich an die Stelle, wo der jüngere Bruder unvermittelt fortläuft, die geraubte Schwester zu finden und zu rächen (1627). Er verschwindet und kommt achtundvierzig Verse später wieder, um sich zu erkundigen, wo denn Beatrice eigentlich zu suchen und wie sie zu erkennen sei. Dazu bemerkt Gerhard Storz sehr richtig: "Don Cesar muß für eine Weile entfernt werden, damit er die Mitteilungen nicht hört, die Diego über die heimliche Teilnahme Beatrices an der Totenfeier des Vaters

---

[10] Vgl. Charles Andler, "Deux Sources Médiévales De La 'Fiancée De Messine,'" in *Études Sur Schiller* (Paris, 1905), S. 38.

[11] Joh. Friedr. Ferd. Delbrück, Rezension der *Braut von Messina*, *Jenaische Allgemeine Literatur-Zeitung*, Num. 79-80 (April, 1804); jetzt in: *Ein Jahrhundert deutscher Literaturkritik*, Hrsg. Oscar Fambach, Bd. II, Schiller und sein Kreis (Berlin, 1957), S. 494.

[12] Gerhard Storz, *Der Dichter Friedrich Schiller*, 3. erweiterte Aufl. (Stuttgart, 1963), S. 378

macht. Denn sie würde ihn darüber aufklären, daß seine Geliebte und die Schwester die gleiche Person sind."[13] Schiller fügt also zu der Familienschuld von "Heimlichkeit und Gewaltsamkeit"[14] auch noch einen kaum motivierten verheimlichenden Zufall hinzu. Gleichzeitig aber malt er doch auch in lebendigen Farben einen raschen, unüberlegt handelnden Don Cesar. Seines guten Willens unbeschadet, erscheint der jüngere Prinz hier—wie auch anderswo—glaubhaft als einer, der immer von "des Eifers heftiger Begier" (1676) regiert wird.

Doch um zur Aufzählung der Wesensmerkmale zurückzukehren, so gesellen sich noch zwei weitere zu den vorerwähnten, zwei Züge, die in ihrer besonderen Kombination eher bei Franz als bei Karl Moor vorgezeichnet sind, nämlich Eifersucht und Anmaßung. Diese sind nicht weniger wichtig als die anderen, da sie die Motive liefern, aus denen heraus der heißblütige Jüngling seine raschen Handlungen vornimmt. Dem Gesamtcharakter sind sie natürlich abträglich, aber für den Verlauf der Ereignisse scheinen sie sowohl notwendig als auch letztlich trostspendend, wie später noch zu zeigen ist.

Frank Wedekind sieht die feindlichen Brüder nicht als Blutsverwandte, sondern als "Verkörperung irgend eines schillerschen Dualismus."[15] Er kommt aber nicht weit mit seinen Spekulationen, und einer der Gründe dafür ist, daß die Brüder eben doch Brüder sind und Cesar nicht auf einen x-beliebigen Menschen, sondern auf den älteren Bruder neidisch ist. Nirgendwo drückt er Unwillen oder Ärger darüber aus, daß er (um mit Franz Moor zu reden), als Zweiter "aus eben dem Ofen geschossen worden," und doch erwähnt er diese Tatsache fortgesetzt. Sein erstes Wort im Drama ist: "Du bist der ältre Bruder" (466), und bald danach nennt er sich selbst den jüngeren Bruder (505). Wo Isabella von ihrem "Erstgeborenen" redet (1405), greift er das Wort auf und bittet:

> Verschwende, Mutter, deines Segens Fülle
> Nicht an den erstgebornen Sohn! (1410 f.)

---

[13] *Ibid.*

[14] Vgl. Paul Böckmann, *Schillers Geisteshaltung als Bedingung seines dramatischen Schaffens* (Darmstadt, 1967), S. 75.

[15] Notizbuch 58, Handschriftensammlung, Stadtbibliothek München. Eine genaue Abschrift der Seiten 26^v-30^r sandte mir der Leiter der Handschriftensammlung, Herr Lemp, dem ich herzlichst dafür danke.

Wiederholt also pocht "Der übelwollend mir gehäßge Bruder," wie Manuel ihn früher kannte, an die Bewußtseinspforte Don Cesars, ohne allerdings vorerst Einlaß zu finden.

Was wehrt der Eifersucht, sich ganz zu offenbaren? Die Anmaßung, die Überhöhung des Selbstbewußtseins, die später, nach dem Mord, als gütiger Wahn Charakter und Schicksal zur Deckung bringt. Es ist mehr als nur die Übertragung der eigenen Liebe auf die Geliebte, die Cesar veranlaßt, "ihr Wesen vergewaltigend,"[16] Beatrice als die Seine zu betrachten. Jemand, der nur in den magischen Bann der Liebe gezogen ist, würde nicht von "Staunen" sprechen, wenn die Erwählte "schaudert." (1162 u. vorherige Bühnenanweisung). Das tut einer, der sich selbst für eine Gabe des Himmels hält, welche das Mädchen demütig entgegenzunehmen hat, während sie vor ihrer eigenen Macht, einen so hervorragenden Menschen wie Cesar an sich zu fesseln, erschrickt (1165).

Gleichzeitig versteigt sich der jüngere Sohn, (der von Anfang an der Zweitgeburt eine Bedeutung zuzubilligen sich weigert und seinen Teil des mütterlichen Segens verlangt), so weit, daß er in Gegenwart der Geliebten die Existenz Manuels völlig verdrängt und behauptet:

—Ich bin Don Cesar und in dieser Stadt
Messina ist kein Größrer über mir. (1160 f.)

Das sagt er, indem er ihr das bietet, "was sie schon zweimal hat."[17] Und wie sehr es ihm bedacht ist, zeigt die Szene, in der die beiden Chorhälften, zum Teil in Anwesenheit Beatrices, einander befehden. Denn hier hilft der Chor, wie er es laut Schiller soll, "die Hauptfiguren herausheben."[18] Die Anhänger Don Cesars verharren auf ihrem Platz, um die Manueliten zu ärgern (1714); der Jüngere schuldet, ihnen nach, dem Älteren keine Ehrfurcht, wenn er so tapfer ist wie dieser (1725), und überhaupt ist Cesar ein besserer Herrscher als Manuel (1728). Mit solchen Herausforderungen gelingt es den Jungen, das Gefolge des Älteren in den Kampf zu zwingen. Und darin spiegeln sich die Gefühle, die den zukünftigen Mörder beseelen. Bei seinem nächsten Auftreten findet er die Frau, die er sich ausgesucht hat, in Manuels Armen,

---

[16] Müller, "Die Tragik," S. 69.
[17] Ibid.
[18] Brief an Körner, 10. März 1803.

und in Unkenntnis der Tatsachen vereint sich Eifer mit Neid zum schnellen Verbrechen.

Mit der Ermordung des Bruders hat Cesar seine übertriebene Behauptung Beatrice gegenüber wahr gemacht: "Nur *einem* Herrscher
jetzt gehorcht Messina" (1908). Von Schuld weiß er noch nichts. Der
Bruder hat ihn hintergangen, darum verdiente er den Tod, und Cesar
war nur das Werkzeug des gerechten Himmels, der gerichtet hat, oder
wenigstens kommt er sich so vor (1916). Ähnlich denkt er auch noch in
Gegenwart der Mutter, die er trösten muß: "Redlich wollten wir /
Den Frieden, aber Blut beschloß der Himmel," sagt er (2440 f.), da
klingt er jedoch weniger entrüstet als vorher und schon eher fatalistisch.
Doch erst wenn er erfährt, daß Beatrice seine Schwester ist, erkennt er
den Mord als Greueltat, und dann nur bedingt und nicht ohne der Mutter
schnell noch die Hauptschuld an dem Unglück zuzuschieben:

> . . . .—Und verflucht sei deine Heimlichkeit,
> Die alles Gräßliche verschuldet!
>
> . . . .
> —Ist sie wahrhaftig seine, meine Schwester,
> So bin ich schuldig einer Greueltat,
> Die keine Reu und Büßung kann versöhnen! (2472 f. u. 2481-3.)

Nun beginnt ein Hin und Her von Anklage, Flehen, Zurücknahme und
Versuchung, dessen Zickzacklinie Don Cesar "bis zuletzt durchfiebert"
hält von der "Leidenschaft und Eifersucht, die es nicht erträgt, den
Bruder von seiner Mutter und Schwester mehr geliebt zu sehen als sich."[19]
Dabei strebt das Drama unaufhaltsam seinem Ende zu.

Als erstes setzt sich Isabella von Cesar ab, der ihr den "bessern" Sohn
ermordet hat. Damit ist Cesar bereit, sich abzufinden, wenn nur die
Schwester ihn nicht auch verflucht. Er bittet sie, bei ihm zu bleiben
und nennt drei Gründe, warum sie ihm willfahren soll. Erstens hat er
ja nicht den Geliebten, sondern den Bruder getötet—man ist versucht,
ein "Nur" zu interpolieren—, zweitens hat er ja auch damit den eigenen
Bruder umgebracht, so daß der Schmerz ihnen beiden gehört; und drittens verdient er als der Schuldige mehr Mitleid als Manuel, der Reine.

Beatrice weint, und Cesar will mit ihr weinen, vorausgesetzt, daß
die Tränen dem Bruder und nicht dem Geliebten gelten. Mehr noch,

---

[19] Friedrich Schnaß, *Der Dramatiker Schiller* (Leipzig, 1914), S. 592.

er will den Toten an sich selber rächen, wenn er nur die Genugtuung hat, der Schwester nicht weniger wert zu sein als Manuel. Mit Hilfe von Vorstellungsverbindungen überkommt ihn die Liebe wieder, und er umschlingt sie *"mit einer leidenschaftlich zärtlichen Heftigkeit"* (Bühnenanweisung nach 2540). Wieder fordert er ihr Mitleid, diesmal als Kompensation dafür, daß die Mutter insgeheim immer dem Älteren den Vorzug gegeben hat, wie sie in ihrem Schmerz endlich enthüllt. Unvermittelt klagt er dann Beatrice der gleichen Heuchelei wie Isabella an und geht davon.

Wenn wir ihn kurz darauf wiedersehen, ordnet er die Beerdigung Manuels an. Mit seinen Befehlen übt er, wie er sagt, zum letzten Mal das Recht des Herrschers aus, sein *"zum letztenmal"* läßt jedoch nicht durchblicken, daß es eigentlich das erste Mal ist, daß er das Amt innehat. Auch wird, genau genommen, sein Selbstmord 200 Verse später seine letzte Handlung als der erste Mann Messinas sein. Bis dahin aber muß er nicht nur die Einwürfe des Chors überwinden, sondern auch die der Mutter, die der Schwester und die eigenen.

Weist er den Chor in seiner Eigenschaft als Diener in seine Schranken zurück, so faßt er die Mutter von einer ganz anderen Seite. Isabella widerruft ihren früheren Fluch und nimmt sich vor, dem überlebenden Sohn ihre ganze Liebe zu schenken. Ohne ihn sei sie schutzlos, sagt sie, und wenn ihm sonst kein Grund einfalle, warum er am Leben bleiben soll, dann möge er sich doch für sie erhalten. Aber Cesar kennt sie und sich. Auch wenn *ein* Sohn besser ist als gar keiner, bleibt er doch der Mörder des anderen und hört erst auf, es zu sein, *"wenn ein* Totenmal den Mörder / Zugleich mit dem Gemordeten umschließt" (2695 f.). Noch wichtiger aber ist, was ihn betrifft, daß sein Neid den Bruder über das Grab hinaus verfolgt und nur mit dem eigenen Tode enden kann (2727-2743). Daneben verblassen die egoistischen Argumente der Mutter, und folgerichtig verabschiedet Don Cesar sie.

Isabella ist also keine echte Versuchung für den Sohn, drum versucht sie, Beatrice als Köder zu benutzen; die Schwester soll "Zurück ihn locken in das Licht der Sonne" (2776). Beatrice wehrt sich aber erst dagegen und bringt eine völlig neue, ja unerwartete Idee in die Debatte, indem sie sich selbst als Opfer anbietet. Eine gewisse Logik ist auf ihrer Seite. Sie war es ja, die ursprünglich dem Familienglück geopfert werden sollte; ohne sie wäre es nicht zum Mord gekommen; ihr Tod wäre also der wahre Weg zur Versöhnung der Manen. Doch Don Cesar versteht sie anders. Für ihn ist ihr Wunsch, zu sterben, nur ein Beweis ihrer Liebe zum toten Bruder, mit dem sie sich vereinigen will, daher kann ihn selbst jetzt das eigene Eingehen in die Ewigkeit und seine Dioskurenphantasie (2762) nicht mehr so selig machen wie Don Manuel:

> Er lebt in deinem Schmerz ein selig Leben,
> Ich werde ewig tot sein bei den Toten. (2814 f.)

Angesichts des tief verwundeten Bruders weint Beatrice nun wieder. Gewisse Aspekte der früheren Szene wiederholen sich, aber abgewandelt. Hat dort Don Cesar Beatrice *"mit einer leidenschaftlich zärtlichen Heftigkeit"* umarmt, so bewirkt nun das unter Tränen gesprochene "O Bruder!" den *"Ausdruck heftigster Leidenschaft"* (Bühnenanweisung, 2815). Als Beatrice noch einmal für die Mutter plädiert, ist er entsprechend erstaunt und tritt zurück. Doch läßt die Schwester nicht nach, folgt ihm, verbindet die Mutter und sich selbst in ihrem nächsten Flehen und legt ihren Kopf an seine Brust. Da überwinden die Gefühle alle Denkprozesse in Cesar. Der Chor hört die Worte Beatrices, doch Cesar erlebt nur die Geste; drum rät der Chor auch falsch, wenn er annimmt, der junge Held habe sich zu leben entschlossen. Er hat es nicht. Indem er Beatrices Gebärde fehldeutet, entgeht er der Versuchung.

In einer letzten Kette von Überlegungen und Empfindungen verdichtet sich die Sucht nach Größe, die fiebrige Einbildung und die blinde Selbstüberhebung, die ihm von Anfang an eigneten, zu einer letzten Illusion, die den Selbstmord nicht nur erleichtert, sondern erst möglich macht. Beatrice liegt an Cesars Brust, als sich die Flügeltür zur Kirche hin öffnet. Hier steht der Sarg auf einem Katafalk. Cesar apostrophiert den Toten. Nie hätte dieser den frustrierten Bruder, den von der Mutter nie geliebten Sohn so anziehen können wie den Satten, durch seinen Wahn Befriedigten. Er glaubt, daß er in seinen Armen hält, "was das irdsche Leben / Zu einem Los der Götter machen kann" (2826 f.). Beatrices Flehn ist ihm "der Liebe Flehn" (2824). Über die Idee der Blutschande, die doch sein erstes Schuldgefühl mitbegründet hatte— nur wenn sie die Schwester war, war ihm sein Mord eine Greueltat, wie man sich erinnert—über den Inzest setzt er sich ohne weiteres hinweg. Sogar die Möglichkeit echten Glückes steigt vor ihm auf: "Doch ich, der Mörder, sollte glücklich sein . . ." (2828). Seine Vorstellungen wenden sich zurück zum Ausgangspunkt, zu den Tränen, "die auch mir geflossen," wie er sagt, und dann vollzieht er mit Genugtuung den Akt, den eine höhere Gerechtigkeit von ihm, dem Mörder, verlangt.

Stuart Atkins faßt Don Cesars verschiedene Aussagen über den geplanten Selbstmord—fatalistische, egoistische, idealistische, und aus dem Irrtum geborene—in das zusammen, was er die "'realistische' Ambivalenz" in der Motivierung von Cesars Selbstmord nennt.[20] Dem entspricht dann auch diesem Forscher nach die Doppelhaltung des Chors in dessen letzten Versen:

> Erschüttert steh' ich, weiß nicht, ob ich ihn
> Bejammern oder preisen soll sein Los. (2835 f.)

Atkins ist es um die These von einem Drama höchster Abstraktion sui generis zu tun.[21] Dagegen wurden hier nur solche Zeilen angeführt, die uns den Menschen Cesar nahebringen, der in seinen letzten Augenblicken aus falschen Gründen das Richtige tut. Das Wesen des Helden ist sein Schicksalsauftrag und erklärt seine Doppelrolle als Verwalter des Verhängnisses und als Individuum. Cesar ist Diener des Fluchs, wenn er aus Unkenntnis der Sachlage einen plötzlichen vergeblichen Mord begeht und wenn er sich später selber richtet. Aber der Fluch bedeutet keinen anderen Determinismus als den des Pentateuch, in dem von dem Gott die Rede ist, "der die Missetat der Väter heimsucht auf Kinder und Kindeskinder bis ins dritte und vierte Geschlecht" (2. Mose, 34, 7). Und die Gewalttaten Cesars entstammen zu gleicher Zeit der Freiheit des mündigen Mannes, die jede Sekunde zum neuen Anfang macht. Die Freiheit entzieht sich nicht dem Fluch, und das Unpersönliche des Fatums verwischt keineswegs die Umrisse eines einzigartigen Charakters. Nie ist der junge Mann weniger Typus und mehr unverwechselbare Persönlichkeit, als wo ein Wachtraum ihm die Hand mit dem Dolch auf die eigene Brust lenkt.

Der Chor denkt lange nach, ehe er die oben zitierten Verse spricht. Don Cesars Doppelfunktion lädt zu widerstreitenden Gefühlen ein,

---

[20] Atkins, "Gehalt als Gestalt," S. 541.

[21] Helmut Koopmanns Erklärung, Atkins weise "auf die größere Nähe des Schillerschen Dramas zur Tragödie Shakespeares hin," ist wohl irreführend. Vgl. H. Koopmann, *Friedrich Schiller*, Sammlung Metzler (Stuttgart, 1966), II, 71.

doch stellt die Ambivalenz nichts Unentwirrbares dar. Der Prinz, der durch Umstände und geistig-seelische Konstitution schuldig wird und dann die Schuld an sich selber rächen muß, ist bejammernswert; das Los des Prinzen, dem eine charakterlich höchst plausible Fata Morgana von Glück und Erfüllung erlaubt, aus eigenem Trieb der göttlichen Notwendigkeit zu gehorchen, das Unzulässige seines Wesens zu bestrafen und damit den Familienfluch zu beenden, ist wohl zu preisen.

SCHLUßWORT

Nᴀᴄʜᴅᴇᴍ ᴡɪʀ uns die acht Portraits junger Idealisten in Schillers Galerie
sorgfältig angesehen haben, scheint es als Abschluß in der Ordnung,
ein paar Betrachtungen über sie in ihrer Gesamtheit anzustellen. Dabei
wollen wir uns auf jene wenigen erstaunlichen Ähnlichkeiten und noch
erstaunlicheren Unterschiede beschränken, die aus unserem Blickwinkel
heraus besonders augenfällig geworden sind.

Einige der Jünglinge sind Führernaturen, andere sind es nicht. Einige
erleiden ein echt tragisches Schicksal, andere gewinnen unsere Herzen
nicht genug, als daß ihr Los uns Mitleid und Furcht einflößte. Einige
sind nur Opfer, andere sind Opfer und Richter zugleich, und dies wiederum entweder sehend oder blind. So bleibt jeder von ihnen eigen-
ständig und unverwechselbar, wenn sie auch alle ohne weiteres als
geistesverwandt zu erkennen sind.

Die Methode, das Auge vorzüglich auf die Physiognomie der einzelnen
Helden zu richten, hat gerade in Bezug auf deren Unterschiedlichkeit
einige Resultate gezeitigt, die von denen anderer Deutungsversuche
erheblich abweichen. Zwar handelt es sich in den sieben Aufsätzen
grundsätzlich nur um Varianten, Versöhnungen, Erweiterungen oder
Vertiefungen von existierenden Interpretationen, doch scheint der
Abstand zwischen unserem Befund und früheren Erklärungen in einigen
Fällen recht beachtlich. Durch unsere Fragestellung stoßen wir zum
Beispiel auf einen Karl Moor, der sich selbst zu entrinnen sucht, während
er nach seiner Identität fahndet, und finden heißt den Sünder in sich
erkennen und sterben. Unser Ferdinand erscheint reizbarer, eigensin-
niger und tyrannischer in seiner beklagenswerten Abhängigkeit, als
selbst die schärfste Kritik wahr haben will, und unser Max, der von der
Natur dazu ausersehen ist, aus einer Mitte heraus harmonisch zu denken,
zu handeln und zu leben, wird—anders als bei Guthke—durch einen
unnatürlichen Krieg dazu gezwungen, zwei Brennpunkte zu haben. Zum
Kreis geboren, geht er daran zugrunde, daß er Elipse sein muß. Doch
gleichviel, ob wir uns mehr oder weniger von den Übereinkünften der
Forschung entfernen, ob es sich hier um Vergleichung oder um neue

Sicht handelt, immer zeigt der Text des Dichters bei aller Gedanken-
fracht eine scharfe Profilierung der Individuen, was hervorzuheben ist,
weil diese, trotz der Bühnenwirksamkeit der schillerschen Dramen,
immer noch oft geleugnet wird.

Wenden wir uns nun den Ähnlichkeiten zu, so ist nicht das Bemerkenswerte, daß sie existieren. Eine wenigstens mußte ja Voraussetzung
für unser ursprüngliches Interesse am Thema sein. Ohne den "Idealismus," den alle besprochenen Figuren teilen, das heißt, ohne eine grund-
sätzliche Anständigkeit, die sich nicht dem ersten besten Opportunismus
ergibt, sondern die Vorschriften zum Handeln im Ethisch-Humanen
sucht, wären sie kaum das Objekt einer Studie geworden. Bemerkens-
wert ist vielmehr eine Ähnlichkeit im Unbewußten. Sie halten sich für
"säkularisierte Heilige und Märtyrer," (Max Kommerell, *Geist und
Buchstabe der Dichtung*, 3. Aufl., Frankfurt a. M., 1944 S. 188), und sie
sind es auch, aber nur in ihrem guten Willen, in der löblichen Absicht,
nicht in ihren Kräften, im Wirken. Die *voluntas* ist da, doch die *vires*
fehlen. Und sie fehlen, weil Gleichgewicht, ruhige Distanz, bedächtiges
Wägen fehlt. Alles, was die jungen Männer in die Wege leiten und
leisten, wird verwandelt durch die eine Eigenschaft, die ihren ganzen
Idealismus zurücknimmt, nämlich ihre Unreife. Dadurch werden zwar
ihre Gegner nicht gerechtfertigt, die häufig das Gute nicht einmal wollen, doch ergibt sich eine andere Verteilung der Schuld, als sie, die
Jungen, erkennen und anerkennen.

Es paßt zu ihrem Alter, daß sie noch unerfahren, unfertig, noch nicht
ganz entwickelt sind, aber sie müßten dies verstehen und in ihre Überlegungen einbeziehen. Das tun sie nicht. Ihre Unreife drückt sich in
der mangelnden Einsicht in das eigene Wesen und in das ihrer Umgebung aus. Und weiterhin zeigt sie sich in den auf Verkennung beruhenden Affekthandlungen, die manchmal, wie bei Max Piccolominis Flucht
in den Tod, bestürzen und manchmal—wie bei Mortimer am anderen
Ende des Spektrums—angebracht und richtig anmuten. Für sie alle
aber, seien sie Haupt- oder Nebenfiguren, tragisch gespalten oder aus
einem Guß, erfüllt oder unerfüllt, für sie alle bringt die Unreife es mit
sich, daß trotz ihrer ungeheuren Vitalität—wer hätte die Relevanz
dieses Paradoxes besser verstanden als Schiller?—nicht einer von
ihnen lebensfähig ist.